Michaela Roeder

Das Pink-Thinker Buch

Werde Besser-Denker und finde dein Glück

Spirit Rainbow Verlag

Erstausgabe April 2007

ISBN 978-3-937568-86-7

Manuskriptbearbeitung: Conny Sander
Photografie:
Jessylee Photographie, Jessica Meyer, www.Jessylee.de

Herstellung: Books on Demand GmbH, Norderstedt

Spirit Rainbow Verlag • Gudrun Anders
Ferberberg 11 • 52070 Aachen
Tel 0241 - 70 14 721 • Fax 0241 - 446 566 8
Email: info@spirit-rainbow-verlag.net
www.spirit-rainbow-verlag.net

Inhalt

Pink-Thinker – das Buch

Dieses Buch hat das Ziel, dich durch Texte, Übungen und kleine Geschichten zu motivieren ein Besser-Denker, also ein **Pink-Thinker** sein zu wollen. Raus aus dem grauen Alltagstrott.

Rein in ein pralles, fröhliches Pink-Thinker-Leben.

Ich und inzwischen viele Andere sind bekennende Pink-Thinker – und das ist auch gut so!

Dieses Buch ist stark auf deinen Alltag ausgerichtet. Es geht vordergründig nicht darum eine Weisheit zu vermitteln, sondern schnell wieder positiv gestimmt zu sein und Farbe (pink) ins Leben zu hauchen – und das ist nun mal immer so, wenn du dich entscheidest, ein Pink-Thinker zu sein.

Probiere es aus.
Es funktioniert (fast) immer.
Vorbei ist die Zeit des Trübsalblasens.

Wenn es dir einmal schlecht geht, dann nehme einfach dieses Buch zur Hand. Schlage es irgendwo auf und lasse dich erinnern, dass du nun auch einer bist. Ein Pink-Thinker.

Auch ich befand mich in einer schwierigen Phase meines Lebens. Bei mir hat es funktioniert – also funktioniert es bestimmt auch bei dir.

Was ein Pink-Thinker wirklich ist, das kannst du gleich noch genauer nachlesen.

Nun noch kurz eine Anmerkung in eigener Sache: Ich verwende durchgängig das „Du" als Ansprache. Ich finde das gehört sich unter Pink-Thinkern so.

Ganz besonders möchte ich dir die „Moment Mals", ans Herz legen. Das sind kleine Mini-Meditationen, die dich für einen „Moment mal" an etwas anderes denken lassen. Sozusagen kleine Fantasie-Glücksmomente für zwischendurch. Danach bist auch du ganz sicher mit ganz viel frischer Pink-Thinker-Energie aufgeladen.

Probier´s doch einfach mal aus!

Nun viel Spaß beim Lesen, und willkommen auf der pinken Seite des Lebens.

Pink up your Life!!!

Denke dran:
Es hat bei mir funktioniert,
also funktioniert es bestimmt auch bei dir!

Die Pink-Thinker

„Pink-Thinker, wer oder was ist denn das?“, wirst du dich fragen.

Jeder kennt den Ausspruch: „Think Pink!“ Davon abgeleitet, du ahnst es schon, ist der Name Pink-Thinker entstanden. Für alle, die es ein bisschen positiver mögen.

Was aber macht einen echten Pink-Thinker aus?

Ein Pink-Thinker ist ein Mensch in beliebigem Alter, der einfach das Leben nimmt, wie es kommt. Alles annimmt, was das wunderbare Leben zu bieten hat – und eben das Beste daraus macht.

Ein Pink-Thinker zeichnet sich, unter anderem, dadurch aus, dass er daran glaubt, dass jedes vermeintliche Unglück, jede missliche Lage, ein Geschenk bereithält.

Ein Pink-Thinker denkt einfach immer positiv.

Vielleicht sind die Pink-Thinker auch einfach ein bisschen durchgeknallt, aber glücklich – das kann ich dir versichern.

Fakt ist:
Ein Pink-Thinker hat immer einen Parkplatz, öfter ein Lächeln im Gesicht und mindestens einmal mehr „Schwein" am Tag als andere Menschen. Er ist einfach besser gelaunt, hat mehr Freunde und sowieso mehr Spaß im Leben.

Übrigens habe ich von mehreren Pink-Thinkern gehört, dass sie im Schnitt mehr Geld für die kleinen Wünsche zwischendurch im Leben zur Verfügung haben. Es kann natürlich auch sein, dass es dem Pink-Thinker nur so vorkommt, weil er ja immer die Aufmerksamkeit auf das Positive lenkt.

Wenn du Lust bekommen hast, nun auch ein Pink-Thinker zu werden, dann ist das überhaupt nicht schwer.

Lese einfach weiter und beobachte, was geschieht.

Denke dran:
Jedes vermeintliche Unglück hält ein Geschenk für dich bereit!

Achtung!!!

Gleich vorweg: Wenn du gerne schlecht gelaunt bist, dann ist es besser, du liest hier nicht mehr weiter. Am Ende bist du garantiert gut drauf und entspannt... Das möchte ich dir in diesem Fall doch nicht zumuten.

Hier kommen die Extraportion gute Laune, Schwung und positive Energie auf dich zu.

Solltest du also ein eingefleischter Miesepeter sein, dann gehe besser gleich in Deckung, denn so eine Riesenportion positive Gedanken (Energie) kann dir sogleich die schlechte Laune verderben.

Ach ja, noch eine kleine Warnung vor den Glücksmomenten: Man traut den kleinen Biestern gar nicht zu, dass sie so eine Kraft haben und dir gleich den ganzen Tag versüßen.

Das Schlimmste an den hinterlistigen Glücksmomenten ist, dass sie sich auch schon in dein Leben eingeschlichen haben. Ich wette mit dir, dass du in jedem deiner negativen Ereignisse mindestens einen Glücksmoment versteckt hast.

Diese Parasiten sind schlimmer als PC-Viren ... Ach, was sage ich, man kann sich gar nicht dauerhaft gegen sie wehren.

Wie gesagt, klappe das Buch besser gleich zu, wenn du deine negativen Gedanken nicht verlieren willst, denn, noch etwas ist, am positiven Denken sehr gefährlich:

Ist man einmal infiziert, gibt es kein zurück. Man erkennt sofort die kleinsten Glücksmomente und positiven Aspekte und wird diese schreckliche Lebensfreude nie mehr los.

Versprochen!

Denke dran:

**Hier kommen eine Extraportion gute Laune,
Schwung und positive Energie auf dich zu!**

Woran erkennt man einen Pink-Thinker?

1. Pink-Thinker haben weniger Kummerfalten, dafür ausgeprägte Lachlinien (bei Pink-Thinkern heißen Falten „Linien", weil das Wort „Falten" oft negativ belegt ist).

2. Ein Pink-Thinker freut sich über die Erfolge eines Anderen, anstatt über sie herzuziehen. Ein Pink-Thinker kennt keinen Neid.

3. Ein weiblicher Pink-Thinker weiß: Sie könnte mit Brad Pitt zu Abend essen, wenn sie wirklich wollte – und sie nicht so beschäftigt wäre ...

4. Ein männlicher Pink-Thinker weiß: Er könnte mit Pamela Anderson eine eheähnliche Beziehung führen, wenn ihn nur nicht so stören würde, dass sie Millionen für Klamotten ausgibt.

5. Ein Pink-Thinker jubelt, wenn er den Bus verpasst hat oder im Stau steht. Endlich hat er nun mal dreißig Minuten Zeit zum positiven Denken.

6. Ein Pink-Thinker spielt liebend gerne. Wahlweise auch mit Barbies oder Autorennbahnen – und amüsiert sich dabei köstlich.

7. Ein Pink-Thinker macht das Beste aus jeder Situation, auch wenn es manchmal knüppeldick kommt.

8. Ein Pink-Thinker gibt mit Freude sein Geld aus und hat somit im Schnitt mehr Geld zur Verfügung, um wieder welches auszugeben. Denn er weiß: Was man gerne gibt, kommt (wie auch immer) zu einem zurück.

9. Pink-Thinker zeichnen sich durch unbändige Lebensfreude aus. Sie sind keine besseren Menschen. Sie haben nur einfach eine bessere Einstellung.

10. Pink-Thinker werden oft von anderen Menschen als Spinner bezeichnet und nicht recht ernst genommen. Das macht einem echten Pink-Thinker aber so gar nichts aus. Er weiß, dass es einfach viel zu viele fette Grießgrams gibt – und viel zu wenig Pink-Thinker.

11. Ein Pink-Thinker braucht keinen Helden. Er ist einfach sein eigener Held und der Oskarverdächtige Hauptdarsteller in seinem eigenen Leben.

12. Ein Pink-Thinker weiß, dass jedes Problem eine Lösung im Gepäck hat. Man muss nur ganz entspannt abwarten, bis sich diese zeigt.

13. Pink-Thinker leben im Hier und Jetzt, denn sie wissen: Das Gestern kann man nicht mehr ändern – und das Morgen ist noch lange hin.

14. Einen Pink-Thinker erkennt man auch daran, das sie sich nicht den Tag von alltäglichen Grausamkeiten wie Knöllchen oder einem Haufen Bügelwäsche vermiesen lassen.

15. Ein Pink-Thinker genießt jede kleinste Kleinigkeit und hat so immer das Gefühl unheimlich viel Glück zu haben.

Denke dran:
Pink-Thinker leben im Hier und Jetzt.

Denn:
Das Gestern kann man nicht mehr ändern,
und das Morgen ist noch lange hin!

Der Pink-Thinker Test

Bin ich schon ein waschechter Pink-Thinker?
Wie viel Pink-Thinker ist in dir?
Bist du vielleicht schon einer?

Mache den Pink-Thinker Test und beantworte die folgenden Fragen ganz ehrlich mit Ja oder Nein. Zähle am Schluss alle Jas und alle Neins zusammen und lese das Ergebnis.

Frage 1:
Fühlst du dich wohl, wenn du in den Spiegel schaust?

Frage 2:
Kannst du über dich selbst und deine Fehler lachen?

Frage 3:
Glaubst du, dass du überwiegend erfolgreich bist?

Frage 4:
Glaubst du, dass jeder deiner Tage mindestens drei Glücksmomente beinhaltet?

Frage 5:
Glaubst du, dass es auch für dich Wunder gibt?

Frage 6:
Glaubst du, dass alles, was du gibst, dir zurückgegeben wird, egal in welcher Form?

Frage 7:
Glaubst du, dass du deine Welt durch positives Denken beeinflussen kannst?

Frage 8:
Glaubst du, dass jedes Problem ein Geschenk und seine Lösung gleich mitbringt?

Frage 9:
Glaubst du, dass du alles erreichen könntest, wenn du daran glaubst?

Frage 10:
Glaubst du, dass deine Gedanken unter anderem für deine Gesundheit verantwortlich sind?

Frage 11:
Glaubst du, dass du andere Menschen positiv beeinflussen kannst?

Das war er nun der große Pink-Thinker Test. Werte ihn nun aus.

Wenn du mehr Fragen mit „Ja" beantwortet hast, dann bist du ein Pink-Thinker-Naturtalent.
Behalte dir deine positive Grundeinstellung bei und weite sie noch mehr aus, indem du dieses Buch liest und andere Menschen davon überzeugst, dass positives Denken alles verbessern kann.

Wenn du jedoch mehr Fragen mit „Nein" beantwortet hast, dann ist dein Herr Grießgram dicker und hat eine größere Klappe, als ich befürchtet habe.
Dann wird es höchste Zeit, dass du ihm die Macht entziehst und ihm Redeverbot erteilst. Lies dieses Buch, und du wirst sehen, sehr bald wirst auch du viele Fragen mit „Ja" beantwortet haben.

Denke dran:
Jeder kann ein Pink-Thinker sein!

Herr Grießgram

Es gibt jemanden, der dem Pink-Thinker ganz schön das Leben schwer machen kann. Es ist: Herr Grießgram.

Er ist verantwortlich für deine schlechte Laune und deine negativen Gedanken. Man nennt ihn auch den Verstand oder das Verhaltensmuster.

Ein kleines Geheimnis vertraue ich dir an. In seiner Paraderolle ist er auch die Angst. Oh, wie schön schrecklich er es findet, sich zu verkleiden und dir einen tollen Plan zu vermiesen oder dir den Tag zu versauen. Indem er dir glauben macht, du seiest zu nichts imstande – und meistens glaubst du ihm auch noch ...

Er gibt dir ein, dass etwas schief gehen MUSS, wenn du deinem Bauchgefühl folgst und nicht seinem ekelhaften Denken.

Alles, was ihn auszeichnet, ist, dass er ziemlich verfressen ist. Er nimmt so ziemlich alles zu sich, was dir so im Laufe deines Lebens unter die Nase oder vors Auge – und somit ins Gehirn – gekommen ist.

Das Schlimme daran ist, dass er nicht aussortiert. Er frisst einfach alles. Mit Vorliebe vorgekaute Meinungen und verdrehte Fakten. Was dein

Bauchgefühl dazu sagt, ist ihm völlig schnuppe.

Am liebsten schlägt er sich den Bauch voll mit Vorwürfen und Einschränkungen. All dieses Futter hat ihn stark gemacht. So stark, dass du manchmal nicht gegen ihn ankommst und dich einfach seiner Meinung hingibst.

Du glaubst ihm weil: Er ist ja schließlich dein wohl ernährter Verstand, den du seit Jahren mit dir herumschleppst, um dir von ihm die Laune verderben zu lassen.

Okay, manchmal hat er ja Recht, aber meist da, wo dein Bauchgefühl dir schon lange vorher ein „Stopp" geschickt hat. Dieses Bauchgefühl gilt es zu stärken.

Du kannst Herr Grießgram nicht vergraulen oder vernichten, aber du kannst ihn zwingen ein gleichberechtigter Partner deines Bauchgefühls zu werden.

Sei vorsichtig. Herr Grießgram hat eine laute Stimme, er versucht sofort alles Mies zu machen.

Ich habe im Gästebuch auf meiner Homepage sogar Einträge, dass das mit dem positiven Denken einfach totaler Schwachsinn sei – und ich aufhören sollte die Leute zu veräppeln mit dem Pink und positiv Seelenquatsch.

Ich glaube, du wirst an Punkte in diesem Buch kommen, wo es dir ähnlich geht. Sag dann dem alten Sturkopf, er soll abhauen, sich verkrümeln und einfach endlich die Klappe halten.

Freue dich an den schönen Dingen des Lebens und sorge so dafür, dass Herr Grießgram und dein Bauchgefühl Hand in Hand gehen können. Dein Leben wird größer, reicher, fröhlicher und einfacher sein.

Übrigens habe ich das Buch so angelegt, dass du es kreuz und quer lesen kannst. Damit dürfte es dir leichter fallen, Herrn Grießgram auszutricksen. Er ist nämlich nur eingefahrene Muster gewohnt, alles Andere macht ihm zu schaffen und setzt ihn kurzzeitig außer Gefecht.

Außerdem kannst du es dir immer wieder zur Hand nehmen, um noch mal etwas zu lesen und noch mal und noch mal.

Wollen wir doch mal sehen, ob wir den alten Meckerfritzen nicht ein bisschen besänftigen können.

Denke dran:
Grießgram sortiert nicht aus!
Er frisst einfach alles!

Du bist ein Glückspilz

Jeder kann ein Glückspilz sein ...
Glaubst du nicht?
Stimmt aber ...
Ich habe es selbst ausprobiert ...
Okay, ich gebe zu, es ist manchmal irgendwie schwierig, obwohl es eigentlich total einfach ist, denn man muss eigentlich gar nichts machen – außer positiv zu denken und sich des Lebens annehmen und erfreuen. Das scheitert bei mir dann schon mal daran, dass ich mal wieder nicht in die kleinere Kleidergröße passe oder ähnliche Katastrophen.
Von Kindesbeinen an haben wir gelernt, dass immer nur andere Glück haben, und wir immer die A...-Karten ziehen usw. (das war, als unser Herr Grießgram programmiert wurde).
Stimmt nicht!
Wenn wir natürlich davon ausgehen, immer die Dummen zu sein, werden wir es sein.

Es geschieht immer das, wovon du ausgehst, dass es geschieht.

Es geschieht so, wie du denkst, dass es so oder so geschieht.
Sprich – worauf du deine Aufmerksamkeit (deine Energie) lenkst, das wird wachsen, weil es schön ernährt wird von deiner tollen nahrhaften Energie.

Ja, richtig gelesen! Deine Gedanken werden sich in der realen Welt manifestieren.
Spricht man diese Gedanken auch noch aus, beschleunigt man die ganze Sache rapide und hat nun auch noch tolle bunte Bilder im Kopf, hat man sogleich ein „Ding" erschaffen.
Das funktioniert vorwärts und rückwärts.
Denkst du etwas Schönes, von dem du fest überzeugt bist, dass es so ist und nicht anders – gepaart mit Wort und Bild –, könnte es schon einen Lottogewinn ergeben.
Oder anders herum. Denkst du etwas total Schreckliches über etwas und sagst es auch noch und stellst es dir bildlich vor (wenn du damit Probleme hast, wende Dich doch an Herrn Grießgram). Also, du stellst dir bildlich vor, wie alles schief läuft und schrecklich ist – freue dich auf deinen realen Albtraum.
Mehr zu diesem Thema findest du übrigens im Kapitel: „Visualisieren".

Was also tun?
Ich schlage vor, ein Pink-Thinker zu werden und nur noch positiv zu denken.
Das funktioniert immer dann, wenn du entspannt und gelassen bist.
Damit DU das auch bist, ist es gut dieses Buch zu lesen.

Gut, in der Theorie hört sich alles klasse an, in der Praxis liegt die Sache schon etwas anders.

Aber es geht – man muss es nur wollen!

Denn das, was Du willst, kommt auch, früher oder später!
Na ja, der liebe Herr Grießgram (Verstand oder altes Verhaltensmuster) wohnt nun eben auch in mir. Manchmal trickse ich ihn einfach aus, entspanne mich fünf Minuten und denke dann nach – und zwar positiv. Natürlich ist es anstrengend gegen Herrn Grießgram anzutreten, denn der ist ziemlich hartnäckig. Also fasste ich den Plan, ihn einfach auf meine Seite zu ziehen.
Irgendwann wird er sich auf meine und auch auf deine Seite schlagen, und ich habe schon viele Erfolgserlebnisse gehabt.
Und dann, wenn du ihn ganz auf deiner Seite hast, dann bist du ein Glückspilz, denn es kann nichts Negatives mehr geschehen – weil alles, was sich dir negativ zeigt, ein Geschenk enthält.

Ja: Jedes Problem ist ein verkleidetes Geschenk für dich!

Jedes Problem hat die Lösung gleich mitgebracht, aber Grießgram hat die universellen Gesetze leider noch nicht so richtig kapiert. Nur du kannst

dem oft völlig fehl programmierten Grießgram ein neues Programm einspielen.
Also fang' an und hau dem alten Grießgram mal so richtig die Gute-Laune-Gedanken um die Ohren.

Denke dran:
Es geschieht immer das, wovon du ausgehst, dass es geschieht!

Moment mal!

Nehme dir einige Minuten Zeit, um einen Moment mal an etwas anderes zu denken. So überlistest du den alten Grießgram bestimmt mal wieder für ein paar Stunden.
Setze dich in deinen bequemsten Sessel oder lehne dich entspannt in deinem Bürostuhl zurück.
Schließe nun deine Augen und entspanne deinen Körper.
Nichts vergessen! Also, auch Kopf und Augenlieder und Zähne.
Ja, man kann auch Zähne entspannen. Stelle dir einfach vor, wie sie ganz locker aus deinem Kiefer wachsen. Wer Zähne knirscht, weiß, wie unentspannt Zähne sein können.
Weiter geht's zu den Ohren nebst Ohrläppchen, deinem Hals und deinem Brustkorb.
Arme und Beine, auch die Kniescheiben und die Fußknöchel.
Hast du auch an die Finger und den kleinen Zeh gedacht?
Wenn du das Gefühl hast, das alles an deinem Körper sehr entspannt ist, dann bist du wieder richtig in Pink-Thinker Laune, denn ein Pink-Thinker weiß, das positives Denken nur entspannt funktioniert, sonst hast du gegen den fetten Grießgram keine Chance – und daran wollen wir besser gar nicht denken.

Denke dran:
Positives Denken funktioniert nur, wenn du entspannt bist!

Wunder geschehen

Wünschen hilft und Wunder geschehen. Du musst nur dran glauben.
Nein, nein, ich bin nicht übergeschnappt.
Jeder weiß, wir leben in einem reagierenden Universum. Irgendwie hat das wohl was mit Physik zu tun, wovon ich leider nix verstehe. Ich bin nur Pink-Thinkerin.
Vielleicht kommt die Erfüllung deines Wunsches auf etwas ungewöhnliche Weise. Vielleicht als Hinweis, der dir weiterhilft.
In Form eines Liedes mit passendem Text, vielleicht steht der Weg zu deinem Wunder ja in diesem Buch ...
Auf jeden Fall solltest du, wenn du einen Wunsch geäußert hast, alles genau beachten, was deine Aufmerksamkeit erregt. Vielleicht ist es ja ein Hinweis, wie du deinen Wunsch selbst erfüllen kannst!
Du kannst Wünschen, was du willst, wenn du in deinem Denkmuster verankerst, dass die Erfüllung deines Wunsches zu deinem Leben gehört.
Mancher glaubt nicht an das reagierende Universum, er spricht von Engeln oder Gott. Ich glaube, dass man einfach zu allem in der Lage ist, solange man es sich selbst erlaubt und die Grenzen des Denkens aufhebt. Dazu ist man als Pink-Thinker natürlich prädestiniert.
Voraussetzung für die Erfüllung ist natürlich eine positive und entspannte Grundeinstellung.

Soweit so gut.
Nun nehmen wir mal an, du möchtest etwas Handfestes. Sagen wir mal den lang ersehnten Anruf eines Freundes. Wichtig ist, dass du nicht das Gefühl haben darfst, dass du diesen Anruf dringend brauchst.
Begebe dich einfach wieder in deine positive und entspannte Grundeinstellung und teile deinen Wunsch mit.
Nicht zweimal oder dreimal – nein: einmal!
Dann vergesse deinen Wunsch, in diesem Fall den Anruf, sofort!
Jetzt zeigt sich, wie entspannt du wirklich bist.
Bitte hege keinerlei Zweifel, ob dieser Anruf kommt. Er wird kommen.
Ich erkläre es dir an einem Beispiel:
Du gehst in ein Restaurant und bestellst ein Steak. Dann lehnst du dich entspannt zurück. Plauderst vielleicht ein bisschen mit deiner Begleitung oder trinkst ein Glas Wein.
Du zweifelst nicht eine Sekunde daran, dass der Kellner dir dein bestelltes Essen in kurzer Zeit bringen wird. Oder gehst du in die Küche und fragst den Koch zehnmal, ob er dein Steak auch wirklich in der Pfanne hat?
Nein, also. Du gehst einfach davon aus, dass dein Steak zubereitet wird, während du dich entspannst und natürlich passiert das auch.
Was mit dem Steak und mit dem Anruf funktio-

niert, geht auch mit allem Anderen.
Wichtig ist immer dass Vergessen und das feste Voraussetzen, dass du bekommst, was du willst.
Ein Pink-Thinker zu sein lohnt sich in diesem Fall besonders, weil du dann bereits in deinem Unterbewusstsein verankert hast, das dir alles zusteht, was du haben möchtest.
Erklärungen an dein Unterbewusstsein, warum gerade du arme Seele dies oder jenes doch so sehr brauchst – und das auch noch dringend weil ... –, kannst du dir absolut sparen, bzw. besser: verkneifen.
Damit würdest du dich ja selbst nicht für voll nehmen, und dein Unterbewusstsein denkt, du willst es verkohlen – das wäre allerdings noch das kleinere Übel.
Denn in Wirklichkeit wird sich sofort Herr Grießgram einschalten, das alte muffelige Wachbewusstsein, dein Verstand, der alle negativen Erfahrungen, die du in diesem Leben bereits gemacht hast, gespeichert hat. Und er wird beginnen, dich davon zu überzeugen, dass du eh einen Mangel erleben wirst, weil es ja schon hundertmal so war ...
Schnell Pink-Thinker werden und umdenken, denn: Mangeldenken erzeugt nun mal Mangel. Ein Mangel des Anrufes entsteht.
Hast du dich schon mal gefragt, warum eigentlich

monatelang keiner angerufen hat und dich um ein Date gebeten hat? Kaum hast du einen potenziellen Verehrer, schon kommen sie alle aus den Löchern hervor und wollen mit dir ausgehen.

Wo Liebe ist, kommt noch mehr Liebe hin.

Das Geld kommt zu den Reichen, sagt man. Ja stimmt – denn wer Geld hat, der hat kein Mangeldenken in finanziellen Belangen. Der lebt einfach so vor sich hin und schmeißt mit Geld um sich, und das signalisiert: „Ich habe genug und ich liebe es."
Dein Denken manifestiert sich im Hier und Jetzt.
Ein Mangel manifestiert sich als Mangel. Denkst du vermehrt daran, dass du wartest, dann wird sich das Warten in dein Leben schleichen.

Denkst du, dass du ein Glückspilz bist, wirst du ein Glückspilz sein.

Pink-Thinker werden, bedeutet Glückspilz zu sein!

Denke dran:
Dein Denken manifestiert sich im Hier und Jetzt!

Der Geben-Trick

Immer dann, wenn du etwas von Herzen gibst, dann wirst du es vervielfacht zurück erhalten. Das ist einfach ein universelles Gesetz und ein Pink-Thinker orientiert sich nun mal an den universellen Gesetzen.
Wenn du also Geld in dein Leben ziehen möchtest, dann gebe Geld.

Wenn du Liebe in deinem Leben haben möchtest, dann schenke Liebe.

Das funktioniert im Allgemeinen mit allem.
Was du möchtest, solltest du von Herzen geben – und dann wirst du es unweigerlich erhalten.
Du signalisierst dem Universum eben, dass du genug hast, und das Universum wird einfach nachliefern. So einfach ist das.
Ich habe doch versprochen, dass es ganz einfach ist, ein Pink-Thinker zu sein, solange man sich an einige kleine Regeln hält. Und Herr Grießgram wird es schon gar nicht verstehen, wenn du einem Bettler Geld gibst, ohne zu wissen, wie du deine Rechnungen bezahlen sollst.
Also, beste Voraussetzungen für einen Erfolg.
Denn: Was Herr Grießgram nicht versteht, kann er auch nicht blocken!
Wichtig ist bei diesem Trick, dass du wirklich von

ganzem Herzen gibst, nur dann wird er funktionieren.
Weil es so schön war, stelle ich dir jetzt noch einen Trick vor.
Aufgepasst!!!

Denke dran:
Immer dann, wenn du etwas von Herzen gibst,
wirst du es vervielfacht zurück erhalten!

Der Wegsteck-Trick

Ich möchte noch mal auf das Beispiel mit dem Anruf zurückkommen.

Wenn du auf etwas wartest, wird das Warten in dein Leben treten, weil du deine Aufmerksamkeit auf das Warten richtest.

Es ist natürlich nicht einfach, wenn man dringend etwas erreichen möchte. Also habe ich herausgefunden, dass dieser Wegstecktrick sehr gut funktioniert.
Ich wartete einmal auf einen wichtigen Anruf von meiner Firma. Natürlich rief keiner an, weil ich ja fixiert war, auf das Warten.
Ich hypnotisierte förmlich das Telefon, bis es mir reichte und ich die Spannung nicht mehr aushielt. Also warf ich ein Kissen auf mein Telefon und mein Handy steckte ich tief, auf lautlos geschaltet, in meine Handtasche. Wer die Handtasche einer Frau kennt – oder vielleicht selbst eine Frau ist und eine Handtasche besitzt –, weiß, wie tief das Handy in der Tasche steckte.
Dann ging ich eine Stunde spazieren. Auf meinem Spaziergang meldete sich Herr Grießgram zu Wort:
„Willst du deinen Job verlieren? Warum sitzt du nicht zu Hause am Telefon?" Ich habe ihm befohlen, die Klappe zu halten.
Als ich wieder kam, waren gleich drei Anrufe mei-

ner Firma auf dem Anrufbeantworter. Ich habe zurückgerufen, und es ist mir nichts entgangen. Also, wenn du das nächste Mal auch auf einen Anruf wartest, versuche den Wegsteck-Trick.
Er funktioniert!
Das bringt mich gleich zu einem wichtigen Attribut des Pink-Thinker Daseins ... das Loslassen.

Denke dran:
Wenn du auf etwas wartest,
wird das Warten in dein Leben treten,
weil du deine Aufmerksamkeit auf das Warten richtest!

Loslassen

Der Wegsteck-Trick ist nichts anderes als Loslassen. Loslassen von dem Thema, welches dich grade beschäftigt.
Loslassen ist nichts anderes als davon auszugehen, dass der Kellner das bestellte Steak auch bringt.

Loslassen bedeutet akzeptieren.

Akzeptieren, dass der Koch wohl noch ein bisschen braucht, um das Steak zu fabrizieren.

Also, wenn du, egal auf was, wartest, dann lasse los. Akzeptiere einfach, dass es derzeit so ist, wie es ist.

Akzeptiere, dass dein Partner oder deine Partnerin grade nicht bereit ist, dich zu heiraten – wenn du wirklich möchtest, wird es auch so kommen.
Natürlich wird der alte Grießgram versuchen, dir Tausend Gründe zu nennen, warum du dich an diese eine Sache klammern solltest, aber Herr Grießgram weiß es eben auch nicht besser.

Es gibt keinen Grund, dass du dich vor dem Leben versteckst, nur weil du wartest.

Also, lass' los, geh' raus. Hab' Spaß, lebe dein Leben und sage mir nicht, dass dein ganzes Lebensglück an der Sache hängt, auf die du gerade wartest.

Denke dran:
Es gibt keinen Grund, dich vor dem Leben zu verstecken,
nur weil du auf etwas wartest!

Moment mal!

Geht dir dein Chef auf die Nerven?
Möchtest du deine Nachbarin am liebsten in die Wüste schicken?
Das Pink-Thinker Dasein fällt dir schwer?
Dann nimm dir mal wieder einen Moment.
Setze dich bequem hin, also mach's dir so gemütlich, wie es eben in diesem Moment gerade geht.
Wenn du natürlich gerade in der Straßenbahn sitzt, dann ist es wahrscheinlich ungemütlicher, als wenn du dich auf deinem Sofa lümmelst.
Macht aber nichts, es geht trotzdem.
Schließe die Augen, falls es dir dann leichter fällt dich zu entspannen.
Nun stell dir vor, du befindest dich mitten auf einem Marktplatz, und um dich herum sind alle Menschen, die du kennst. Die, die du nicht magst oder mit denen du grade ein angespanntes Verhältnis hast (Nachbarin und Chef) stehen in der ersten Reihe.
Nun stelle dir vor, du bist eine Sonne und deine Sonnenstrahlen bringen alle Menschen, auf die sie treffen, zum Lachen. Scheine über den ganzen Marktplatz, bis du alle Menschen, die sich dort befinden, zum Lachen gebracht hast.
Sehe dich, wie du lauthals mitlachst. Lache so lange, wie du möchtest oder du Zeit hast.
Der Herr Grießgram wird nun erst mal schlafen gehen, weil er die Welt nicht mehr versteht, und

du wirst bestens gelaunt und ein sehr energiegeladener Pink-Thinker sein.

Denke dran:
Lachen befreit dich von Sorgen – und es steckt an!

Aufmerksamkeit

Es wird tatsächlich das wachsen, worauf du deine Aufmerksamkeit lenkst. Zuerst passiert es nur in der eigenen Wahrnehmung und später manifestiert sich das Ganze in der Realität.
Ist auch so ein universelles Gesetz ...
Oft fällt es uns leichter, negativen Dingen Aufmerksamkeit zu schenken und sie damit in unserer Wahrnehmung und später auch in der Realität wachsen zu lassen. Jeder Gedanke manifestiert sich nun mal in der Realität, weshalb das positive Denken ja überhaupt so wichtig wird.
Ich habe noch nie jemanden erlebt, der sich stundenlang oder auch noch am dreizehnten Tag über schönes Wetter amüsiert hat und dem damit Aufmerksamkeit schenkte.
Ich höre immer nur: „Ach, schon wieder so ein Mistwetter."
Schon hat unser Herr Grießgram mal wieder Oberwasser – und du miese Laune.
Ein Beispiel: Konzentriere dich ruhig mal einen Tag auf jedes kleine Juckerchen an deinem Körper. Erst spürst du es nur stellenweise. Je länger du dich auf das Jucken konzentrierst, desto mehr wird es jucken – bis letztendlich dein ganzer Körper juckt, als hätte dir einer heimlich Juckpulver in die Klamotten gekippt.
Das ist das Gesetz der Aufmerksamkeit.
Ein Pink-Thinker weiß:
Deine Aufmerksamkeit ist der Nährboden für

alles, was wachsen soll, deshalb beginne endlich damit, den tollen Sachen deines Lebens Beachtung zu schenken.
„Tolles Wetter, heute."
„Mensch, ich sehe heute wieder richtig gut aus."
Picke dir einfach die positiven Dinge aus deinem Leben und lasse sie wachsen, indem du ihnen nur eines gibst – Aufmerksamkeit.

Worauf du deine Aufmerksamkeit richtest, wird unweigerlich wachsen.

Auch die negativen Dinge. Nimm Negatives in deinem Leben zur Kenntnis, denn es gehört dazu. Aber bausche es nicht auf und verschenke sinnlos deine Energie.
Lenke deinen Blick sofort auf den positiven Aspekt der Sache, denn der muss irgendwo dahinter versteckt sein.
Kein Problem kommt ohne eine Lösung. Wo es das Problem gibt, ist die Lösung nicht weit. Denke nach, suche nach der Lösung, richte deine Aufmerksamkeit, also deine Energie, auf das Weiterkommen und die Lösung.
Herr Grießgram ist ständig bemüht, deine Aufmerksamkeit auf eben diese, als negativ empfundenen, Dinge zu lenken, denn er hat es nicht anders zu fressen bekommen. Nun ist es an dir,

Herrn Grießgram mal kräftig in den Hintern zu treten und ihm zu sagen:
„Verschwinde, ich will die Lösung sehen."
Er wird weichen müssen, denn du tust etwas, was du sonst nicht getan hast: Du richtest deine Aufmerksamkeit auf die Lösung, anstatt auf das Problem.
Du wirst sehen, wie viel Kraft dir das Umdenken bescheren wird, und am Anfang deines Pink-Thinker Daseins wird es dir schwer fallen, und Herr Grießgram wird auch sicherlich das ein oder andere Mal gewinnen. Aber je öfter du dich entspannst und dich auf dein Leben positiv einlässt, desto weniger wird der alte Nörgler zu melden haben.
Deine Aufmerksamkeit ist der Dünger, der die Blumen in deinem Leben wachsen lässt.

Denke dran:
Deine Aufmerksamkeit ist der Nährboden für alles, was wachsen soll, deshalb beginne endlich damit, den tollen Sachen deines Lebens Beachtung zu schenken!

Die Glücksmomente

Hier kommt etwas, was zu einem Pink-Thinker gehört wie die schlechte Laune zum Herrn Grießgram. Jeder Pink-Thinker ist mit ihnen infiziert und unheilbar trägt er sie mit sich.
Die Glücksmomente.

Glücksmomente sind die Sahnehäubchen in deinem Leben.

Das sind die Momente und Situationen, auf die du nach Herzenslust deine Aufmerksamkeit richten darfst.
Sie sorgen dafür, dass sich dein Leben anfühlt wie eine bunte Blumenwiese oder wie ein Kaufhaus im Schlussverkauf.
Die Glücksmomente sind für mich ein wichtiges Werkzeug zum positiven Denken, denn sie vermitteln mir – und wenn du sie beachtest auch dir – ein wunderbares, positives Lebensgefühl.

Ich gehe sogar soweit zu sagen, dass in fast jedem Moment ein Glücksmoment versteckt ist.

Wo Schatten ist, muss auch irgendwo ein Lichtstrahl sein. Ohne diesen könnte der Schatten ja nicht entstehen. Mach dich auf die Suche nach deinen Glücksmomenten!
Dieses Spiel mit den kleinen, frechen Glücksmo-

menten kann richtig süchtig machen. Sie sind wie ein Virus, der dich befällt, und du kannst irgendwann gar nicht mehr anders, als sie zu bemerken, dich über sie zu freuen, und am Ende wirst du versuchen einfach welche zu erschaffen.
Meistens kommt man gar nicht mehr zum Erschaffen, weil sie dir unablässig entgegenpurzeln.
Deshalb habe ich mich entschieden, anhand einer Liste dir einige erlebte Glücksmomente in diesem Buch entgegenpurzeln zu lassen.
Sie tauchen einfach irgendwo auf und purzeln dir und dem gehässigen Herrn Grießgram vor die Augen. Lese dir einfach die Glücksmomente durch, und stell dir für einige Sekunden die beschriebene Situation vor. Du wirst merken, wie du dich in den paar Sekunden nachhaltig entspannst – und Lust auf mehr bekommst.
Dann bist du auch fast schon infiziert mit dem Glücksmoment-Virus, kurz GMV genannt.
Einmal richtig erfüllt vom GMV wirst du erleben, wie viel positives Denken in deinem Leben anrichten kann. Dich haut nichts mehr um, denn du schaffst es dein Leben so zu sehen, wie es ist: voller bunter Überraschungen.
Ich höre dich schon sagen:
„Na klar, also, ich habe davon noch nix bemerkt."
Ist dein Herr Grießgram grade ziemlich übermächtig?

Für alle Zweifler möchte ich den ultimativen Beweis antreten – und jetzt kommt was ganz Tolles.
Aufgepasst. Lass' dich mit mir auf folgendes Experiment ein.

Kaufe dir ein wunderschönes Notizbuch – am besten eins in Pink!

Aber auf jeden Fall eins, was du richtig toll findest. Du kannst auch ein Tagebuch verwenden, denn du wirst jeden Tag etwas in dein Buch hineinschreiben. Wichtig ist, dass du in dieses Buch nichts anderes schreibst.
Nun setzt du dich an jedem Abend vor dem Schlafengehen an dein Buch und schreibst mindestens drei Glücksmomente des Tages in dein Glücksbuch. Du **musst** drei rein schreiben – jeden Tag. Selbst wenn du dich den ganzen Tag unter der Bettdecke verkrochen hast, wird es drei Glücksmomente an diesem Tag gegeben haben. Drei Momente, die dich richtig gefreut haben.
Wenn dir mehr als drei Glücksmomente einfallen, dann schreibe sie alle auf – ist doch klar.
Bitte mach' dies kontinuierlich jeden Tag, und ich verspreche dir, dein Buch wird schneller voll sein, als du dachtest. Dies ist der Beweis, dass es auch in deinem Leben mehr als genug Glücksmomente gibt.

Dein persönliches Glücksbuch kannst du dir immer zur Hand nehmen, wenn es dir mal schlecht geht und ein bisschen darin lesen. Ich garantiere dir, es munter dich auf.
Nun noch ein Geheimtipp.
Ungemein wirkungsvoll ist es, wenn man einfach noch einen Glücksmoment hinzuschummelt. Der gar nicht passiert ist, aber den du gerne erlebt hättest.
Was man denkt, wird Realität – und was man zuerst denkt und dann noch aufschreibt, erst recht.
Verstanden?
Klappt immer!

Denke dran:
In jedem deiner Momente ist ein Glücksmoment versteckt!

Liste: Glücksmomente

Anhand dieser Liste möchte ich dir nur einige Beispiele für Glücksmomente im Leben nennen. Du kannst die Liste lesen und dir einige dieser Momente in Bild und Farbe vorstellen. Erweitere meine Liste bitte kontinuierlich mit deinen Glücksmomenten.

Viel Spaß dabei.

- Ein Vollbad, mit ganz viel Schaum.
- Einen kitschigen Liebesfilm ansehen und ins Taschentuch schniefen. Vielleicht erkennst du anhand deiner Rührung, was dir grade in deinem Leben fehlt und kannst beginnen, es anhand von Pink-Thinker Gedanken in deinem Leben zu erschaffen.
- Ein kühles Glas Wasser, an einem heißen Sommertag.
- Einen Tag mit der ganzen Familie verbringen zu können: Oma, Opa, Onkels und Tanten. Man sieht sich doch so selten.
- Einen heiß ersehnten Anruf erhalten.
- Ein durchlachter Abend mit einer Freundin.
- Eine unglaublich tolle Nacht, in einer unglaublich tollen Suite, in einem unglaublich tollen Luxushotel verbringen zu dürfen.
- Ein Spiegelbild, dass zufrieden lächelt.
- Das erste Lächeln eines Babys.
- Kleine, dich umschlingende Kinderärmchen.

- Einen Regenbogen erblicken, der einem gleich nach dem Aufstehen durch das Fenster entgegen strahlt.
- Dirty-Dancing wird wiederholt.
- Jemand fragt dich um Rat.
- Einen wunderbaren, interessanten Menschen kennen lernen.
- Der erste warme Frühlingstag.
- Ein stilles Gebet.
- Freunde haben, die anrufen, um zu fragen, wie es dir geht.
- Ein nettes Lächeln von Fremden
- Ein riesiger Vanilleshake.
- Ein Flirt in einem Straßencafé.
- Ein gelungener Friseurbesuch.
- Einen der „Moment mal´s" genießen.
- Morgens aufstehen und die Person im Spiegel liebenswert finden.

Das sind nur einige Beispiele meines Glücksmomente-Buches. Meine Liste würde ein eigenes Buch füllen können ...
Erweitere meine Liste! Erschaffe deine eigene, denn auch du kannst ein ganzes Buch voller Glücksmomente füllen!

Eine kleine
Glücksmoment-Geschichte

Wetterfrust – Wetterlust

Was für ein Tag. Ich hüpfe aus meinem Bett! Endlich!!! Sonne, Sommer!! Juchhu !!!

Ich mache mir schnell einen Kaffee, ohne den geht leider auch an Sonnentagen nix, und ab in den Garten.
Ja – ja – ja, genau darauf habe ich wochenlang gewartet – und es hat sich gelohnt. Immer habe ich gesagt: „Lasst uns nicht jammern, der Sommer kommt!!! Bestimmt!!!"
Es klingelt an der Tür. Mist, raus aus der Sonne. Na ja, egal, es ist bestimmt der Mechaniker, der mein Auto abholt, um meinen Kühler zu reparieren.
Stundenlang erklärt er mir dies und das (im Schatten!!) – *nerv*.
Ich sage immer nur: „Ja – aha – hm – verstehe – ja – ne, klar – völlig logisch ..."
In Wirklichkeit kapiere ich nur Bahnhof. Deshalb ist er ja der Mechaniker. Wenn ich es könnte, würde ich es selber machen ...
Auch egal. Ist ja ein ganz netter. Besonders der, der den Wagen zurück zur Werkstatt fahren soll, ist sehr appetitlich. Aber leider, wie gesagt, er steht im Schatten.
45 Minuten später: Auto weg!!
So, jetzt noch schnell etwas einkaufen und dann

ab in den Garten. Es klingelt tausendmal das Telefon, und ich bleibe weiter heiter. Immer meinen schönen sonnigen Garten im Blick.
Dann gehe ich, natürlich zu Fuß – zum Supermarkt. So kann ich den Schrittzähler quälen und außerdem die Sonne genießen, das sind gleich zwei tolle Dinge auf einmal. Ich genieße die Sonne, ach, wie toll. Ich stelle mir schon vor, wie toll ich – braun gebrannt in meinem neuen weißen T-Shirt – aussehen werde.
So, fertig! Jetzt noch schnell die vier Tüten nach Hause schleppen und ab auf die Liege.
In alter Pink-Thinker-Manie gehe ich nach Hause und mitten auf mein Grinsegesicht: PLATSCH. Ein fetter Tropfen *grins*. Ehm – grins? Tropfen? Und dann kapiere auch ich es. Es regnet!!!
Nein! Och nö. Nö, nö, nö ...
Wozu bin ich ein Pink-Thinker??
Ist doch klasse, so ein erfrischender Sommerregen. Wenn es nicht nur die ganzen letzten Wochen so schön erfrischend gewesen wäre. Aber gut, man will ja nicht jammern. Man denkt ja Positiv!
Na bitte! Eine Stunde später: Die Sonne kommt wieder raus. Schön! Ich schreibe im Garten ein bisschen an einer Kurzgeschichte. Bis ..., oh nein, schon wieder Regen.
Schnell wieder rein.
Es verschlimmert sich von Minute zu Minute.

Es wird windig, der Himmel zieht sich zu, und ich stehe wie ein kleines Mädchen am Fenster und drücke mir die Nase platt auf der Suche nach einem Glücksmoment. Es muss einen geben. Denn in jeder Situation steckt doch einer.
Und auf einmal sehe ich ihn, den Glücksmoment: die Wolken! Schwarze, weiße, graue, und sie tanzen im Kreis am Himmel im Sturm. Faszinierend, eindrucksvoll. Ein wahres Spektakel.
Und ich bin mal wieder völlig überwältigt davon, dass ich recht behalten habe und in jedem Moment tatsächlich das Glück zu finden ist.

Denke dran:
Suche deinen Glücksmoment – er muss irgendwo sein!

Moment mal!

Auch ein Pink-Thinker ist mal bedrückt. Das liegt in der Natur der Sache.
Manchmal hilft da positives Denken einfach nicht, und man fühlt sich einfach schrecklich.
Alles geht schief, und selbst Dinge, die man sonst gerne gemacht hat, machen einfach keinen Spaß oder misslingen.
Herr Grießgram hat dich wahrscheinlich dazu gebracht, dass du so negativ gestimmt bist, dass du selbst die Glücksmomente, die ja in jedem Moment versteckt sind, einfach nicht mehr sehen kannst.
Klarer Fall: Grießgram hat sich mit seinem dicken Hintern breitgemacht ...

Nimm dir einen Moment Zeit.

Schnappe dir Briefpapier – am besten mit deinem Briefkopf darauf. Wenn du keinen Briefkopf hast, dann denke später an deine Unterschrift.
Nun schreibe dir alles von der Seele, was dich bedrückt und was dir missfällt. Alles – und wirklich jede Kleinigkeit –, die dich im Moment verrückt macht oder piekt.
Wenn du alles aufgeschrieben hast, dann unterschreibe den Brief und stecke ihn in ein Kuvert.
Klebe ihn sorgfältig zu und trage ihn feierlich zum MÜLL.

So etwas kann ein Pink-Thinker nämlich in seinem Leben gar nicht gebrauchen!

**Denke dran:
Schreibe dir mal alles von der Seele!**

Lebe deinen Traum

Ein Pink-Thinker hat von Natur aus viele gute Ideen.
Doch unser allseits beliebter Herr Grießgram liegt auf der Lauer – und hat natürlich Einwände. Wie sollte es auch anders sein?
Sobald deine supertolle Idee Gestalt annimmt, wird der sich gnadenlos einmischen und sie dir mit seinen alten, aber immer wieder wirksamen, logischen Argumenten zu Nichte machen.
Er wird so lange herummeckern, bis auch dir endlich klar ist:
„Vergiss es, das kann nix werden. Wann habe ich schon mal Erfolg gehabt? Ich neige eh zu vorschnellen Entscheidungen."
Du packst deine klasse Idee, sei es ein Buch zu schreiben, einen Laden zu eröffnen oder dir eine neue Frisur zuzulegen, in die „Vielleicht-ein-anderes-Mal-Schublade" – und weg ist sie.

Stopp!

Hier wird ein Pink-Thinker erst richtig aktiv. Nix mit ab in die böse Schublade, sondern er spricht ein lautes: „Oh, ja, das ist **die** Idee!"
Mut zur Veränderung ist hier gefragt.
Du hast diesen Mut von Natur aus mitgebracht, lass dich doch nicht von dem alten Meckerfritzen veräppeln.
Er will sich in seiner Paraderolle, der Angst, auf-

gockeln und dir weismachen, dass die neue Frisur gar nicht zu dir passt, du schon immer schlecht in Rechtschreibung warst oder dass das Risiko sich selbstständig zu machen in der heutigen Zeit an Wahnsinn grenzt ...
Der alte Grießgram hat nicht den Funken einer Ahnung, denn er fürchtet sich vor allem Neuen.
In Wahrheit ist er befangen und will sich mit deinem Bauchgefühl einen Machtkampf liefern, den du dann „Grübeln" oder „Zweifeln" nennen würdest.

Schluss damit.

Es wird nicht mehr gegrübelt, schließlich willst du auch ein Pink-Thinker sein. Wenn du tief in deinem Inneren den Wunsch oder Drang verspürst, etwas Neues zu starten, dich zu verändern, dann hole deinen Abenteuerhut aus dem Schrank, setzte ihn dir auf und beginne.

Tu's doch einfach!

Vor allem: Jetzt!

Beginne jetzt! Sofort! Heute!

Nicht irgendwann, nicht Morgen oder wenn die Melanie das Abitur gemacht hat, sondern jetzt.

Wenn eine Idee deine Aufmerksamkeit erregt, dann ist auch mit Sicherheit – und das verspreche ich dir an dieser Stelle hoch und heilig –, der richtige Zeitpunkt für dein Vorhaben.
Dein Bauchgefühl hat bereits, ehe du diese Idee an Herrn Grießgram vorbei in deine Gedanken geschmuggelt hast, schon alle „Für" und „Wider" abgecheckt.
Die Bahn ist frei.
Der Rest liegt nun an dem, der den Abenteuerhut aufgesetzt hat.
Solltest du auf kleine Hindernisse bei deinem Vorhaben stoßen, gebe nicht auf – sondern denke in eine andere Richtung. Such' dir die Lösung. Es muss sie geben, sonst hättest du diese Idee nicht gehabt!
Denke an deinen Abenteuerhut, er macht dich zum großen Entdecker deiner Möglichkeiten.

Vergeude keine Zeit, nicht eine Minute, mit Grübeln oder Zweifeln.

Suche den Weg um dein Vorhaben zu verwirklichen.
Wenn du deine ganze Energie, die du ansonsten den Zweifeln geschenkt hättest, dafür verwendest, wirst du staunen, was du als waschechter

Pink-Thinker zu tun in der Lage bist und auf die Beine stellen kannst.

Träume nicht dein Leben – lebe deinen Traum! Sofort!!!

Denke dran:
Vergeude nicht eine Minute mit Grübeln oder Zweifeln!

Die Magie des „Jetzt"

Wann ist der richtige Moment?

Sicher kennst du diese Frage zu Genüge.

Ich habe eine schnelle Pink-Thinker Antwort für dich, die so kurz und Simpel ist, dass du staunen wirst.

Die Antwort lautet:
„Jetzt!"

Der richtige Zeitpunkt ist immer „Jetzt".

Sobald eine Idee sich in dir breitmacht, oder ein immer wiederkehrender Gedanke, dann ist dies ein sicheres Zeichen dafür, dass genau jetzt der richtige Moment ist – damit, was auch immer du planst, zu beginnen.

Das Jetzt hat eine unglaubliche Macht. Jeder Pink-Thinker weiß es.

Im Jetzt kannst du alles verändern, weil jetzt der Moment ist, der über deine Zukunft entscheidet.

Was du gerade denkst, wird sich manifestieren. Dass weißt du bereits – und das Leben im Jetzt ist das Glücklichsein.

So einfach ist das.

Glück ist jetzt.

Liebe ist jetzt.

Alles, was dich umgibt, umgibt dich jetzt und nur jetzt in diesem Moment kannst du es genießen, auskosten, für dich arbeiten oder verschwinden lassen.

Nur jetzt kannst du diesen Sonnenaufgang genießen. Morgen wird es ein anderer sein, ebenso wie es gestern ein anderer war.

Wenn du ein Kind bekommen willst, dann beginne jetzt mit der Realisierung.

Wenn du leben möchtest, dann lebe jetzt.

Wenn du glücklich sein möchtest, dann sei es jetzt.

Was tust du grade? Du liest und du denkst.

Vielleicht denkst du, dass ich inzwischen total abgedreht bin. Vielleicht denkst du auch, dass ich Recht habe.

Dann ist übrigens die Wahrscheinlichkeit sehr hoch, dass du bereits ein waschechter Pink-Thinker bist.

Wenn du denkst: „Na ja, irgendwie muss da was dran sein", dann bist du auf dem besten Wege ein waschechter Pink-Thinker zu werden.

Jetzt ist der Moment, indem du entscheidest, ob du das glaubst, was ich dir hier aufschreibe oder eben nicht.

Und die vielen „Jetzt", die folgen werden – nachher, morgen oder übermorgen, nächstes Jahr ... – in den „Jetzt" kannst du neu entscheiden, ob du mir glauben willst.

Es gibt keine Gefahr daran etwas zu tun, was du dir schön oder aufregend vorstellst. Denn wenn es dir nicht gefallen sollte, kommt das nächste Jetzt und du entscheidest einfach neu.

Probiere es aus.

Das Jetzt ist sehr hilfreich bei Kummer oder in misslichen Lagen. Wenn du zum Beispiel auf etwas wartest und dich die Ungeduld fast zerreißt, dann gehe ins Jetzt.

Konzentriere dich auf das Hier und Jetzt.

Betrachte deine momentane Situation, genieße den Wind, der gerade weht, und freue dich daran.

Du wirst sofort die Magie des Jetzt spüren. Diese Magie führt dich direkt in deine innere Mitte.

Das Jetzt ist Gift für Herrn Grießgram.

Er kann damit nicht umgehen, dass du einfach etwas im Hier und Jetzt tust, denn er geht davon aus, dass du ihn immer um Rat fragst. Aber der alte Holzkopf zermahlt deine Idee zu Staub, der im Winde verweht – und er schürt deine Zweifel.

Er will dir glauben machen, dass du dich lieber auf das Negative und Vernünftige konzentrieren solltest. Doch das wird dich nicht weiterbringen.

Sei im Jetzt positiv gestimmt – und die Zukunft kann nur positiv werden.

Wie lange hast du nachgegrübelt, ehe du etwas Erfolgreiches getan hast? Ich wette, nicht lange.

Die richtigen Knaller in deinem Leben wirst du holter die polter, Hals über Kopf gestartet haben. Und: Bist du auf die Nase gefallen?

Einmal oder zweimal sicherlich, aber in der Masse deiner Ideen gesehen? Hat sich der Einsatz da gelohnt? Ich kenne deine Antwort. Sie kann nur „Ja" lauten.

Wenn du aufhören, willst Kummer zu haben, dann mach es jetzt.

Wenn du wieder mal Lust auf ne Pizza hast, dann esse sie jetzt.

Entscheide dich doch einfach: „So, ab jetzt bin ich einfach gut drauf."

Pech, lieber Herr Grießgram, damit haste jetzt nicht gerechnet ...

Das ist so ziemlich die wichtigste Pink-Thinker Regel (ich weiß, das sage ich bei fast jeder Regel ...):

Jetzt ist das Leben und jetzt ist das Glück. Entscheide dich für das Jetzt – und es kann nichts schief gehen.

Denke dran:
Es gibt keine Gefahr daran, etwas zu tun,
was du dir schön oder aufregend vorstellst!

Glücksmoment-Geschichte die Zweite

Hula Hoop

Ein schöner sonniger Samstagmorgen, die Bienchen summen, mein Kaffee dampft, die Sonne scheint. Eintracht und Frieden.
Da kommen die süßen Nachbarskinder des Weges und rufen mir fröhlich „Guten Morgen" zu.
„Mooorgen", murmle ich mit geschlossenen Augen, die Sonne genießend.
Die Zwei kreischen vor Freude, und ich blinzle mühsam, um zu sehen, was sie denn so amüsiert.
Ich kann nix erkennen, die Sonne blendet mich. Und dann, dann erhasche ich doch einen kleinen Blick.
Ich sitze aufrecht, suche hektisch meine Sandaletten: „Das kann doch nicht wahr sein."
Oh Mann, ich glaube es ja nicht, und ich höre mich rufen: „Kinder, Kinder, kommt mal her, was habt ihr denn da?"
Ich stecke meinen Kopf, na ja – mein Gesicht, durch ein Raster des Gartenzauns, um es besser zu sehen. Vor Staunen bekomme ich kein Wort heraus. Ein Hula-Hoop-Reifen!!!
„Mit Glitzer?? Oh Mann, früher ... – ja, früher, da gab's die mit Geruch, Pfefferminz und Erdbeere."
Die Kinder gucken mich an und wissen nicht wovon ich rede, und dann frage ich, ob ich auch

mal darf. Die Mädchen kichern, und eine fragt: „Passen sie denn da durch?"
Frechheit. Natürlich passe ich da durch.
Und dann geht's los: Am Arm, um die Hüfte und schwups um den Hals, und auf einmal bin ich wieder acht Jahre alt und unbeschwert kichernd stehe ich in Nachbarsgarten und Hula-Hoope. Und je mehr ich die Hüften kreisen lasse, desto lauter lache ich – und mir geht es einfach unglaublich gut.
Die Kinder lachen auch, aber ich frage nicht nach, warum.
Ich habe mir natürlich gleich einen eigenen Hula-Hoop gekauft.
Ohne Geruch und ohne Glitzer, dafür ein etwas größerer Umfang.
Und meine Freundin und ich haben uns nächste Woche zum Gummitwisten verabredet, sie kennt noch alle Stufen und Figuren.
Und coole Discoroller habe ich mir auch bestellt.
Denn eines weiß ich nun: Du kannst viele Reisen unternehmen, aber eine Reise zurück in deine Kindheit ist unschlagbar – und geht übrigens immer Lastminute! ;-)

Denke dran:
Eine Reise zurück in deine Kindheit geht immer Lastminute!

Moment mal!

Mach doch einen Moment mal Urlaub.
Das ist enorm effektiv um ein Pink-Thinker zu bleiben – und Herrn Grießgram auf die Matte zu schicken ...
Suche dir einen ruhigen Platz, stecke das Telefon aus, stelle dein Handy auf lautlos und nun setze oder lege dich hin. Entspanne dich ein bisschen und stelle dir vor, wie du auf einer Wolke sitzt oder liegst. Du spürst wie die Körperteile ein wenig einsinken in die Wolke, aber sie trägt dich.
Die Wolke ist kuschelig weich und einfach wunderbar wolkig.
Schaue in den Himmel über dir, er ist blau, dort gibt es kein schlechtes Wetter.
Es gibt nur dich, den Himmel und die wunderbare Stille.
Alles ist still.
Kein Geräusch dringt zu dir vor und stört dich in diesem Moment.
Genieße einige Minuten diese Kraft spendende Stille, bis du dich frisch aufgeladen zurück in dein Pink-Thinker Leben begibst.

Denke dran:
Auch ein Pink-Thinker sollte manchmal die Stille genießen!

Der kleine Pink-Thinker

Ja, auch ein Pink-Thinker war mal ein Kind. Im Grunde leben die Pink-Thinker ihre kindliche Seite wieder sehr aus – und das ist ein unschätzbarer Wert.
Das innere Kind ist der Teil in dir, der nie erwachsen geworden ist.
Es kennt keine Gefahren, und der Herr Grießgram ist auch noch nicht so fett gefressen und übermächtig.

Das Kind in dir lebt in den Tag hinein und liebt einfach die Sachen, die Freude machen.

Existenzangst ist dem Kind fremd, ebenso wie gesellschaftliche Grenzen.
Dein inneres Kind freut sich einfach seines Lebens. Es tanzt und lacht und freut sich über alles und jede neue Bekanntschaft, die es macht.
Ein Kind interessiert sich nicht für Herkunft, Hautfarbe oder Einkommensverhältnisse seiner neuen Freunde. Es entscheidet aus dem Herzen.
Der Herr Grießgram war, wie gesagt, zu dieser Zeit noch erholsam still.
Diese schöne unbeschwerte Zeit deiner Kindheit ist nun vorbei. Herr Grießgram ist ein fetter Meckersack – und du bist oft am Ende deiner Kräfte.
Doch so ganz stimmt das nicht. Dein inneres Kind,

das sitzt vielleicht gelangweilt in irgendeiner Ecke deiner Seele. Aber es ist auf keinen Fall erwachsen geworden.
Manchmal meldet es sich zu Wort. Wenn wir zum Beispiel auf einem Weihnachtsmarkt nach schönen Glitzerkugeln für unseren Weihnachtsbaum suchen – oder leckere Kekse naschen.
Mein inneres Kind meldet sich oft, wenn ich ausgelassen feiere und tanze.
Erinnere dich – als Kind war es dir egal, was die Anderen dachten, wie du tanzt. Du hast es einfach getan, ohne dich verschämt nach den Anderen umzudrehen. Du hast aus vollem Halse gesungen und gelacht.
Wo bist du?
Komm heraus und spiele mit mir!
Ja, hol es doch heraus, gehe auf einen Spielplatz. Wenn du kleinere Kinder hast, wird dir das noch viel leichter fallen. Setzte dich auf die Schaukel und singe aus vollem Halse.
Ich habe als Kind immer das schöne Lied von der Heidi gesungen, die zu ihrem Großvater in die Berge kam. Und dann wieder in die düstere Stadt musste und dann doch wieder in die Berge zurückkehrte ...
Ehrlich gesagt, als ich am Anfang diese Übung gemacht habe, du musst wissen, ich habe alles selbst ausprobiert, was ich dir hier zum Nachmachen aufschreibe, da dachten die Leute schon, ich

sei unter dem Einfluss gewisser Mittelchen.
Doch als sie merkten, dass meine unbändige Freude echt war, da haben sie mitgelacht, und ich freute mich einfach so an diesen Augenblicken, dass ich es dir kaum wiedergeben kann.
Unbeschreiblich ist es, wenn du einen großen Schluck aus einer heißen Schokolade mit Sahne nimmst, und die Sahne dir an der Nasenspitze klebt. Wunderbar.
Locke dein inneres Kind heraus, baue mit deinen Kindern die Eisenbahn zusammen, oder die Carrerabahn oder das Barbiehaus, oder was immer du gerne als Kind gemacht hast. Erwecke diese Erinnerung zum Leben und freu dich.
Du wirst sehen, wie dein Pink-Thinker-Herz auflacht und du so nah an das pure Glück geführt wirst, dass es dir die Tränen in die Augen treibt – vor Freude.

Denke dran:
Als Kind war es dir egal, was die anderen dachten!

Übung: Puppe und Teddy

Diese Übung wird Menschen, die sich (noch) nicht zu den Pink-Thinkern zählen, ein wenig abgedreht vorkommen, aber sie ist so toll, dass ich sie dir aufschreiben musste.
Damit du dein inneres Kind hervorlocken und dann heilen kannst.
Es kann ja sein, dass dein inneres Kind verletzt ist. Auch, wenn deine Eltern immer nur das Beste wollten. Aber manchmal kommt es eben vor, dass man unschöne Erinnerungen an die Kindheit hat, oder an einer Stelle verletzt wurde.
Die Vergangenheit kannst du nicht mehr ändern, aber du kannst sie heilen, ihr verzeihen und dein inneres Kind endlich zum Spielen einladen.
Alle Versuche mein inneres Kind hervorzulocken, wurden getoppt von einer Übung: dieser.
Suche deinen Einschlafteddy oder deine Lieblingspuppe von früher. Deinen treuen Begleiter durch dunkle Nächte, Tage, an denen du vielleicht krank warst, oder einfach Heimweh hattest, wenn du auf Klassenfahrt warst.
Mein Einschlaftier war ein Affe, und er hieß Anton. Heute fehlt ihm ein Auge, ein halbes Ohr und sein Affenschwanz hängt verdächtig locker am seidenen Faden. Aufgrund dieser offensichtlichen Altersschwäche habe ich Anton ruhen lassen.
Meine Lieblingspuppe hieß Mohrle. Ja, Mohrle. Sie war keine normale Puppe, sie war dunkelhäutig. Und ich hatte irgendwie immer schon

eine Vorliebe für Besonderheiten. Zur damaligen Zeit, als ich klein war, gab es wenige Kinder mit dunkelhäutigen Puppen.
Doch ich war eins – und ich liebte sie.
Mohrle gibt es leider nicht mehr, sie ist irgendwann verschwunden. Keiner, auch meine Eltern, wissen nicht, wo sie hingekommen ist. Als ich diese Übung das erste Mal versuchte, stand ich so ziemlich alleine da. Anton zu alt und Mohrle ausgewandert ...
So habe ich mir selbst beholfen und aus alten Stofffetzen eine Puppe gebaut. Schön fand ich sie nicht, aber ich verpasste ihr ein hübsches Gesicht mit Filzmalern und Knöpfen als Augen. Ich stellte mir vor, wieder klein zu sein und nahm fortan diese Puppe als Begleiterin überall mit hin.
Genau das ist nun auch deine Aufgabe. Suche deine alte Puppe oder deinen Teddy, und mache ihn dir wieder zu eigen.
Setze ihn oder sie auf dein Bett, oder packe ihn oder sie neben dich auf die Couch. Nimm diese Puppe oder deinen Teddybären als Zeichen deines inneren Kindes, welches nie Erwachsen geworden ist.

Glaube mir, es kann so verdammt gut tun, sich auf sein inneres Kind einzulassen.

In meinem Fall hatte ich übrigens ein Happy End.

Meine dreijährige Tochter lief irgendwann in der Metro mit einer Puppe in der Hand zu mir und sagte: „Rosa will deine Freundin sein."
Rosa hat pinke Zöpfe, kurze Beine und ist anders als die Anderen. Sie kann meine Mohrle nicht ersetzten – aber sie ist eine neue, treue Begleiterin, die mein inneres Kind hervorlockt.
Auch jetzt, wo ich diese Zeilen schreibe, sitzt sie neben mir und lächelt mich an.
Geh jetzt und suche deine Puppe oder deinen Teddy, und erlaube dir manchmal wieder Kind zu sein.
Pink-Thinker sind alle irgendwie große Kinder.

Denke dran:
Erlaube dir mal wieder Kind zu sein!

Glücksmoment-Geschichte die dritte

Der Kaufladen

Es ist kurz vor Weihnachten. Wir haben Plätzchen gebacken und bereits den Baum geschmückt. Alles ist vorbereitet. Nur der neue Kaufladen, den meine kleine Tochter vom Weihnachtsmann bekommen wird, muss noch zusammengeschraubt und aufgebaut werden.

Ich freue mich selbst mehr als die Kleine, habe ich so die Vermutung, denn während mein Freund das gute Stück aus Kiefernholz zusammenbaut, freue ich mich wie verrückt darauf die kleinen Päckchen und Gemüseimitate einzuräumen.

Als das Ding endlich fertig ist, mache ich mich mit Feuereifer an die Arbeit. Kleine Zwiebackschächtelchen. Minikeksdosen und kleine Kaffeepakete räume ich liebevoll ein. Auch die Plastikmandarinen, Brokkoli und grüner Spargel, werden liebevoll angerichtet, in der Gemüseauslage.

Zum Schluss muss ich natürlich noch prüfen, ob Kasse und Waage richtig funktionieren.

Mein Kaufladen hatte natürlich keine Scannerkasse, aber dieser hier, und ich vergesse die Zeit um mich herum und spiele in Gedanken versunken mit dem Kaufladen.

Ich habe das Gefühl, ich bin etwas über einen Meter groß und habe vom Leid der Welt noch nie etwas gehört.

Als ich aus meinem kleinen Kindheitstraum aufwache, ist es spät in der Nacht. Mein Freund ist inzwischen schlafen gegangen und meine schmerzenden Knie verraten mir, das ich bereits über dreißig Jahre alt bin – aber mein Herz, das hüpft vor Freude, und ich weiß, das ist ein unglaublicher **Glücksmoment**.

Zurückzureisen in die Kaufladenzeiten und sich dem urinneren Spieltrieb hinzugeben, ist einfach wundervoll.

Tatsächlich habe ich allen Weihnachtsstress um mich herum vergessen, und als am Heiligen Abend die Bescherung den Kaufladen zutage fördert, da kann ich mir ein oder zwei Tränchen nicht verkneifen.
Meine kleine Maus spielt in ihrem Kaufladen, und, wer weiß, vielleicht wird sie sich ja in mehr als dreißig Jahren an diesen Moment zurückerinnern und das Glück wieder empfinden, welches sie in diesem Moment verspürte.

Ich wünsche es ihr.

Moment mal!

Hast du einen Moment Zeit zum Atmen?

Ja, du hast richtig gehört, man kann, wenn man es genau nimmt, den Herrn Grießgram sogar wegatmen.

Na ja, es wird schon einige Minuten dauern, denn wie wir ja wissen, ist er nicht gerade ein Federgewicht.

Setze dich entspannt hin und beobachte einen Moment deinen Atem.

Du atmest ein und frischer Atem strömt durch dich durch.

Wenn du ausatmest, dann verlässt verbrauchter Atem deinen Körper.

Sobald du dich auf deinen Atem konzentrieren kannst, stelle dir vor, wie du leichte frische Energie und gute Laune einatmest.

Beim Ausatmen stelle dir vor, wie Blockaden und Belastungen und negative Gedanken einfach mit deinem Atem wegwehen.

Mache dies einige Minuten, bis du voll bist von frischer Energie und guter Laune.

Atmen ist übrigens ein automatisierter Vorgang des Körpers, ebenso wie das Denken.

Können wir daraus schlussfolgern, dass wir den Herrn Grießgram automatisch beiseite schieben können?

Das würde ja wiederum bedeuten, das es stimmt, das der Mensch von Geburt an ein Pink-Thinker ist ...

Denke dran:
Nimm dir einen Moment Zeit zum Atmen!

Herr Grießgram hat ein Haustier

Oder: Vorsicht vor dem bissigen Vieh

Ja, Herr Grießgram steht leider nicht alleine auf weiter Flur.

Er hat ein Haustier.

Du wirst sicher grübeln, was das sein könnte. Ich bin sicher, ganz sicher, du hast bereits mehrfach Bekanntschaft mit ihm gemacht.

Du und ich und viele Andere kennen ihn als den **inneren Schweinehund**.

Ist das nicht ein Mistvieh?

Meist schläft der faule Hund ja irgendwo rum, bis er von seinem Herrchen aufgehetzt wird, uns das Leben schwer zu machen.

Alles, was uns nämlich dazu bringen könnte, damit es uns besser geht, wird von den Zweien rigoros unterbunden.

Na ja, zumindest versuchen sie's.

Bei den Pink-Thinker hat sich der innere Schweinehund schon das ein oder andere Zähnchen ausgebissen.

Der Schweinehund ist auf jeden Fall der, der die besten Argumente hat, wenn du z. B. zum Sport gehen möchtest. Was ja wieder Ausgleich bedeutet (ich erzähle gleich noch etwas über den Ausgleich), dann hörst du den inneren Schweinhund durch Herrn Grießgram in Form deiner Gedanken zu dir sprechen:

„Ach, bleib doch zu Hause, ist doch schön gemütlich hier."

„Sport ist Mord."

„Mensch, die Annegret, die hat sich erst den Knöchel verknackst, weil sie blöde rumgehopst ist."

„Hast du das in deinem Alter nötig?"

„Bei diesem Wetter geht doch kein Hund vor die Tür."

„Dir geht's heute nicht gut."

„Gleich kommt deine Lieblingsshow im Fernsehen."

Diese und noch viele Argumente mehr hat schon jeder von uns gehört. Am lautesten empfinde ich den blöden Köter, wenn ich mir gerade vorgenommen habe, auf meine Ernährung zu achten.

Gutes Essen macht nämlich auch gute Laune (auch dazu später noch mehr), dass geht natürlich nach Grießgrams Ansicht so gar nicht. Schon hetzt er das bissige Vieh auf die Gedanken:

„Komm, was soll der Geiz."

„Auf einem Big Mäc ist doch Salat ..."

„Nimm ruhig noch ein Stück Kuchen. Du hast es dir doch verdient."

„Wer traurig ist, muss auch kräftig zulangen."

„Sind doch kaum Kalorien."

Und vieles mehr! Du weißt bestimmt noch Tausend Argumente, die du schon von dem Schweinehund bekommen hast, um dir den Bauch vollzuschlagen.

Doch: Wenn du erst mal ein richtiger Pink-Thinker bist, dann bekommst du das fiese Vieh auch richtig gut in den Griff.

Denn eins ist positiv an dem inneren Schweinhund: – ich sag ja, es gibt immer etwas Positives –, er ist superschnell beleidigt, wenn man ihn einfach ignoriert.

Dann schlappt der mit eingezogenem Schwanz zurück in seine Ecke und gibt Ruhe.

**Denke dran:
An einem Pink-Thinker beißt sich
der innere Schweinehund die Zähne aus!**

Putzwut

Es soll ja schließlich nicht der Eindruck entstehen, die Pink-Thinker leben nur so durch den Tag.

Ich putze nicht gerne, putzen bedeutet im Außen Ordnung schaffen, welche im Innern dringend benötigt wird.

Daran ist erst mal nichts schlecht.

Ich bin aber ein chaotischer Mensch, auch innerlich, deshalb habe ich es schnell geschafft, den alten Grießgram auf die Matte zu schicken, denn er ist zu doof mit meinem Chaos klarzukommen.

Putzen, das ist wie ein Ritual.

Wenn ich dann schon mal meine Putzwutanfälle habe, dann geht's auch rund. Dann schrubbe und wienere ich alles blitzblank – und dann reicht es mir auch wieder für die nächste Zeit.

Es versteht sich von selbst, dass ich für meine Kinder Wäsche wasche und täglich die Badezimmer reinige. Es geht mehr so um die ekelhaften Dinge wie: Fensterputzen oder auf den Schränken putzen etc.

Putzen, egal in welcher Form, reinigt nicht nur dein Haus oder deine Wohnung, sondern auch deinen Geist. Der alte Grießgram, der liebt deine verstaubten Gedanken und trennt sich ungern von ihnen. Deshalb hetzt er auch meist seinen Kumpanen, den inneren Schweinehund, auf dich, damit du schön im Sessel hocken bleibst und nicht anfängst zu putzen.

Ich putze gerne, wenn ich völlig gefrustet bin. Nicht, dass ich die Schokolade dann nicht esse, die kommt hinterher dran. So ist das nun mal Tradition, aber ich lasse gerne meinen Frust am Schmutz aus. Wie eine Irre rubble ich dann allen Dreck weg – und meinen Frust gleich mit. Geht ganz einfach.

Danach geht es mir meist viel besser. Auch, weil ich weiß, dass ich eine längst überfällige Arbeit erledigt habe, und ich mir auch noch einen Stein von der Hausfrauenseele weggeschrubbt habe. Und nun kommt der dritte Aspekt, der beim Putzen so wichtig ist.

Dein Haus ist der Tempel deines Erdendaseins, so wie der Körper der Tempel deiner Seele ist. Du musst deinen Tempel pflegen, denn nur wenn deine Umgebung um dich herum schön und gemütlich ist, wirst du dich in deinem Zuhause geborgen fühlen.

Staubfäden verschlingen Licht, und Staub kann negative Energien speichern.

Jeder Fleck auf dem Fußboden und jeder Krümel verhindert ein leichtes Fliessen von guter Energie. Sie wird gebremst, die Stimmung um dich herum wird schlechter.

Bestimmt hast du schon mal gemerkt, dass du sofort tolle Laune bekommst, wenn alle Fenster frisch geputzt sind – oder nach dem Frühjahrsputz, wenn das ganze Haus strahlt.

Ist doch klar: Du hast die Energien im Haus aufgeschüttelt und frisch gemacht – und somit auch den alten Grießgram völlig verwirrt.

Die Umgebung, in der du lebst, beeinflusst deine Stimmung.

Also würde ich sagen:
„Freue dich auf den nächsten Putzwutanfall und trete dem inneren Schweinehund mitsamt seinem Herrchen in den Hintern."

Denke dran:
Die Umgebung, in der du lebst, beeinflusst deine Stimmung!

Moment mal!

Ha, hier kommt der super Trick gegen den alten Fettwanst, und der funktioniert in Farbe.

Nun rate mal in welcher Farbe?

Na klar: **PINK**!

Suche dir wieder mal ein schönes ruhiges Plätzchen.

Es muss nicht ganz super still sein, aber eben so, dass du dich gut entspannen kannst.

Hast du einen Wunsch, der dich schon länger begleitet? Aber der olle Herr Grießgram hindert dich andauernd daran, dir diesen Wunsch zu erfüllen?

Färbe den Wunsch einfach pink.

Entweder du stellst dir den Wunsch in Pink geschrieben vor, oder du stellst dir die gesamte Situation oder den Gegenstand vor und tauchst diese in Pink.

Das funktioniert mit allem, auch mit schlechten Dingen.

Stelle dir zum Beispiel eine Streitsituation vor und tauche sie in Pink – und schon wird sie sich auflösen.

Kippe deinem Chef, in Gedanken, einen Eimer pinke Farbe über den Kopf, schon wird er in der nächsten Woche ein bisschen freundlicher zu dir sein.

Du glaubst ich spinne? Ja, vielleicht, aber der Trick funktioniert trotzdem.

Ich glaube das funktioniert deshalb, weil Herr Grießgram und das Unglück und alles schlechte allergisch auf Pink reagiert.

Denke dran:
Alles Schlechte reagiert allergisch auf PINK!

Gutes Essen
macht gute Laune

Jeder Pink-Thinker weiß:
Du bist, was du isst.

Doch wie definiert man nun gutes Essen? Also, gutes Essen ist in erster Linie dass, was dir schmeckt und was dir gut tut.

Wenn du dich nach dem Essen voll gestopft und schlapp fühlst, was bei einer Schweinhaxe mit 'nem Haufen Kartoffelpü nicht verwunderlich ist, dann weißt du: Dieses Essen war nicht optimal, um mich mit Energie zu versorgen.

Beim Auto ist es nichts anderes – je besser das Benzin, desto besser läuft der Motor.

Vitamine und Nährstoffe, manchmal auch ein bisschen Schokolade, machen dich fit und sorgen für gute Laune. Die Serotonin Ausschüttung im Gehirn wird angeregt, und es fällt Herrn Grießgram schwer, gegen diese positive Power anzukommen.

Essen hält Leib und Seele zusammen, das ist nun mal so.

Was damit gemeint ist: Essen ist auch Erdung. Essen sorgt dafür, dass deine Verbindung zu Mutter Erde nicht abreißt. Denn manchmal, wenn man zum Beispiel zu viel grübelt, dann verliert man den Kontakt zum eigenen Körper. Der ist schließlich für den Moment der Gastgeber unserer Seele – und nur wenn der optimal funktioniert, dann kann es unserer Seele auch richtig gut gehen.

Also, nicht vergessen: Auf eine gesunde Ernährung kommt's an!!

Denke dran:
Gutes Essen ist das, was dir schmeckt und dir gut tut!

Das Schönste, was Pink-Thinker-Füßchen tun können

Das Schönste, was deine Pink-Thinker-Füßchen tun können, ist ...?

Na, komm schon, du kennst die Antwort.

Ist Tanzen, genau.
Na ja, oder Laufen.

Laufen hat rein energetisch den gleichen Sinn und Zweck wie das Tanzen. Wobei mir das Tanzen wesentlich mehr zusagt als das Laufen.

Eins haben die beiden gemeinsam – sie sorgen für Ausgleich. Du baust sofort Stresshormone ab und erzeugst einen wahren Glückshormonregen in deinem Gehirn.

Laufen oder Tanzen, das ist genau genommen wie meditieren, denn du machst deine Gedanken einfach frei und kannst neuen, frischen Gedanken freien Lauf lassen und sorgst damit für den lebenswichtigen Ausgleich in deinem Energiesystem.

Sicher kennst du den Begriff „Kopflastig". Dieser Begriff beschreibt, dass du dich fast nur gedanklich mit etwas befasst oder besser gesagt: Herrn Grießgram das Zepter in die Hand gegeben hast.

Damit du nicht „kopflastig" und nicht „Irgendwaslastig" wirst, ist es wichtig, Ausgleich zu schaffen. Ausgleich zwischen Gedanken-, Körper- und Emotionsarbeit.

Nur dann funktioniert dein Pink-Thinker System richtig.

Denkst du pausenlos über alles und jeden nach, dann wirst du „kopflastig" und kannst keine klare Entscheidung mehr treffen, weil es so viele Für und Wider geben wird, dass es dir unmöglich macht, auch nur noch ein wenig positives Lebensgefühl aufkommen zu lassen.

Gedanken sind zumeist schwer und träge, wie man am Herrn Grießgram sehen kann. Voll gefressen und voll gestopft mit vielen Informationen kommt es zu einer wahren Gedankenüberflutung.

Das ist dann, wenn Herr Grießgram sich, im übertragenen Sinne, übergeben muss – und dir geht es total schlecht.

Das mit dem gesunden Körper hatten wir bereits kurz bei dem Kapitel zum Essen. Es ist einfach wichtig, dass dein Körper funktioniert. Sonst fühlst du dich ebenfalls schlecht und wenig motiviert, Positiv zu denken. Das wiederum zieht Negatives in dein Leben, wie wir ja bereits wissen.

Wenn du zu Emotionslastig bist, dann neigst du zu Überreaktionen. Das ist im Positiven super, zum Beispiel beim verliebt sein. Da ist es klasse, Emotionslastig zu sein, und ehrlich gesagt ist Emotionslastigkeit das kleinste aller Übel.

Kritisch wird es jedoch, wenn eine negative Emotionslastigkeit eintritt, sei es durch zu viele Enttäuschungen oder großen Kummer. Dann ziehst du deine, vielleicht ausnahmsweise Mal, gar nicht so schlechten Gedanken mit runter und dann ist alles aus dem Lot geraten. Dann musst du versuchen, wieder ins Gleichgewicht zu geraten.

Schaffe Ausgleich. Das ist sehr wichtig, wenn du ein richtiger Pink-Thinker sein willst.

Übung: Ausgleich

Nachdem du nun weißt, warum Ausgleich so wichtig für das positive Lebensgefühl ist, was einen Pink-Thinker nun mal ausmacht, kommt hier eine kleine Anregung.

An einem Tag, an dem du spürst, dass du dringend Ausgleich benötigst, kannst du dir auch ganz schnell den kleinen Ausgleich zwischendurch verschaffen, indem du die Schlappen in die Ecke pfefferst, die Musik voll aufdrehst, vorzugsweise dein Lieblingslied – und los geht's:

Tanze wie wild!

Zappele herum, wirbele deine Arme durch die Luft, und wenn du denkst, dass du bescheuert aussiehst, dann lache doch laut los.

Wenn du Scheu hast, dann sorge dafür, dass keiner dich sehen kann, und lege dann los.

Dreh dich und hampele herum, ist doch egal ob bei den Nachbarn die Lampe wackelt. Hauptsache du bist danach wieder ausgeglichen!

Ich denke, fünfundzwanzig Minuten werden reichen – und du bist wieder fit für den Alltag.

Eine gute Übung bei Wut ist, ganz schnell versuchen aus der Situation in die Natur zu kommen. Vielleicht auf ein Feld oder in einen Wald. Renne und schreie, schimpfe und tobe, bis alles raus ist.

Dir wird es gut gehen, ich verspreche es dir, und es sollte dich recht wenig interessieren, ob jemand etwas denkt oder was der Jemand denkt. Selbst schuld, wenn er es nicht auch so macht ...

Wenn du nicht gerne tanzt (gibt es das?), dann laufe, betätige deine Füße, bringe deine Energien in Schwung. Es ist egal, in welcher Geschwindigkeit du läufst. Ob du spazieren gehst, oder strammen Schrittes oder vielleicht sogar joggst. Völlig egal.

Hauptsache du setzt einen Fuß vor den Anderen. Das funktioniert auch auf einem Fitnessgerät, ist aber für die Erdung nicht so sinnvoll wie das Laufen. Für den reinen Ausgleich tut es aber auch ein Trimmrad oder ein Crosstrainer.

Als kleinen Extra-Tipp empfehle ich dir das Laufen in der Natur, egal, welches Wetter grade ist. Zieh dich passend an und raus an die Luft. Der Wind wird deine Gedanken frei blasen.

Regen oder Schnee auf deinem Gesicht werden

deine Durchblutung fördern und Sonne … – na, dazu brauche ich wohl nichts zu sagen, oder?

Der weitere Vorteil daran, sich nach draußen zu begeben – zum Laufen ist der, dass du dir die Blumen ansehen kannst, die am Wegesrand wachsen und die Bäume, die deinen Weg säumen.

Du wirst eine unheimliche Belebung auch durch die aufgenommenen Bilder erfahren, weil es einfach etwas anderes ist, als ständig in den Fernseher zu starren.

Außerdem denk nur mal daran, wie viele Glücksmomente man auf so einem Spaziergang sammeln kann …

Laufe jeden Tag fünfundzwanzig Minuten – und du wirst sehen, dass du viel mehr positive als negative Gedanken denkst.

Denke dran:
25 Minuten Bewegung am Tag machen dich fit für den Alltag!

Moment mal!

Wie bei allen „Moment mal´s" in diesem Buch wirst du dich nach diesem Moment mal entspannt, aufgeladen und voller frischer Pink-Thinker-Gedanken sein.

Aber diesen Moment mal liebe ich ganz besonders, weil er mich immer in irgendeiner Weise verzaubert, die ich gar nicht recht beschreiben kann.

Da gibt es nur eins: Versuche es auch einen Moment mal und beobachte, was geschieht.

Suche dir einen Platz. Es muss diesmal kein besonders gemütlicher oder ruhiger Platz sein. Es kann einfach ein Platz sein. Irgendein Platz, an dem du dich gerade befindest.

Stelle dir nun vor, wie du durch eine Türe gehst, die sich irgendwo vor dir öffnet, und in einen wunderschönen Garten spazierst.

Wenn du durch die Türe durchgegangen bist, wird sie sich wieder schließen – aber keine Angst du findest sie wieder.

Nun spazierst du durch dein persönliches Paradies. Du siehst Berge und wundervolle exotische Pflanzen in tollen Farben. So eine Farbenpracht hast du vorher selten gesehen.

Atme tief ein und aus – und genieße die klare, frische Luft, den Duft der exotischen Pflanzen, und höre auf das Rauschen der prachtvollen Bäche, die überall um dich herum in tollen Schnörkeln fließen.

In deinem persönlichen Garten hörst du den Gesang vieler dir unbekannter Tiere. Hier gibt es nur Freude, nichts als pure Freude am Leben.

Alles ist leicht und friedvoll.

Wenn du Zeit hast, dann setze sich doch unter einen Baum an ein lauschiges Plätzchen, und genieße den Aufenthalt in deinem Paradiesgarten.

Sobald du den Wunsch äußerst, den Garten zu verlassen, wirst du durch eine vor dir erscheinende Tür zurück in den Alltag gehen.

Wie schon erwähnt, bin ich nach diesem Moment mal wunderbar verzaubert und unheimlich im Frieden mit mir und meiner Umwelt.

Wenn das nicht wahres Pink-Thinker Glück ist!

Visualisieren

Die Wunderwaffe eines echten Pink-Thinkers ist das Visualisieren. Das bedeutet, sich eine Sache oder eine Situation, die man erreichen möchte, genau so vorzustellen, wie sie im Idealfall verlaufen oder gelingen soll.

Ein Pink-Thinker fährt sich also regelmäßig einen Film. Einen Positiv-Film.

Nehmen wir an, du stehst vor einem schwierigen Banktermin. Ja, vielleicht musst du deinen Dispo erhöhen lassen oder um eine Stundung bitten oder irgendwas.

Dann ist es ratsam, wenn du dir mehrere Male zuvor die Situation vorstellst, und zwar so positiv, wie es nur geht, das ist ganz wichtig. Vor allem aber muss deine Visualisierung so lange andauern, bis du dir das positive Endergebnis im Detail vorstellen kannst.

Eigentlich visualisiert jeder Mensch schon Hunderte Male am Tag. In Gedanken geht jeder Mensch jede Situation bereits vorher durch, das ist normal. Leider achten die meisten, und ich wette auch du, nicht darauf, diese natürliche Vorstellungskraft mit positiven Assoziationen zu füllen – und genau das ist der Trick eines Pink-Thinkers.

Der geht nämlich grundsätzlich mal davon aus, dass alles genau so kommt, wie er es haben möchte.

Bilder sind nun mal einprägsamer als Worte, so arbeitet die Werbebranche seit Jahren, und zwar sehr erfolgreich, das nur Mal am Rande.

Bewegte Bilder sind noch besser, also wird aus einem Gedanken ein Bild und aus einem Bild ein Film, schon ist die Sache perfekt.

Jeder kann sich diese Vorstellungskraft zunutze machen – ob Pink-Thinker oder nicht. Und diese tolle Wunderwaffe haben auch nicht die Pink-Thinker erfunden, das haben andere schon vor uns getan, aber ein Pink-Thinker zu werden, heißt, sich dieses auch zunutze zu machen.

Schließlich sind gute Gedanken auch nicht neu – aber kaum einer benutzt sie.

Ich höre immer nur Gejammer und was in einigen Jahren mit unserem Land und unserer Erde alles Schreckliches passieren wird ...

Kollektives Gejammer kann nur einen jammervollen Zustand hervorrufen!

Selbst wenn das Allerschlimmste eintreffen würde: Was hat dir das Gejammer über Jahrzehnte dann gebracht? Nix!

Also kannst du auch sofort damit aufhören und dann jammern, wenn es einen richtig fiesen Grund dafür gibt.

Das Schlimmste, was einem Pink-Thinker, der sowieso leider nicht in der Übermacht auf dieser Welt ist, noch in die Quere kommen kann, sind Nachrichten im Fernsehen.

Eine Reihe bewegter Bilder, geradezu meisterhaft, eindrucksvoll inszeniert, damit sich die Kriegsopfer und Trümmerfelder auch schön tief in unser Unterbewusstsein brennen.

Für Herrn Grießgram sind schlechte Nachrichten wie Weihnachten und Neujahr auf einen Tag, mit jeweils einem sieben Gänge Menü.

All diese schrecklichen Bilder werden dazu führen, dass du automatisch vorsichtiger wirst. Denn: Du verhältst dich deiner Welt und deinem Leben gegenüber so, wie du annimmst, dass sich alles gestalten wird.

Nein, auch das haben die Pink-Thinker leider nicht

erfunden, das waren Psychologen und Hochdotierte Wissenschaftler, die das ausgiebig erarbeitet und untersucht haben.

Also, muss es wohl stimmen.

Du merkst, ich versuche dich gerade – an deinem Grießgram vorbei – davon zu überzeugen, dass du positiv visualisieren sollst.

Ich weiß nämlich, das der Fettwanst dich die ganze Zeit schon in der Mangel hat.
Von wegen:
„Ja, ja, jetzt sollst du auch noch zum Traumtänzer werden, bald landest du in der Klapse."

Vergiss den alten Meckerfritzen mal für einen Moment.

Denn was ich dir mitzuteilen habe, ist Folgendes:

Du wirst dich so verhalten, wie du annimmst, dass sich eine Situation gestalten wird.

Sprich: Wenn du dir immer wieder vorstellst, wie du gertenschlank im schönsten Bikini, den man auf Ibiza jemals gesehen hat, elegant und elfengleich in den Pool gleitest, dann wirst du dich, genau so verhalten, dass diese Situation sich so abspielen wird.

In allen Einzelheiten.

Und zwar just von dem Moment an, an dem du angefangen hast, diese Vorstellung zu visualisieren. Das heißt, ohne das du es merkst, wirst du an der Frittenbude einfach vorbeilaufen und dir wie automatisiert einen so tollen Bikini kaufen, weil du hast ja ein Ziel im Hinterkopf.

Ganz hinten im Hinterkopf, dass heißt, du hast es geschafft so originell zu visualisieren, dass du den alten Grießgram ausgetrickst hast und freien Zugang zum Unterbewusstsein hattest.

Sonst klappt es nicht.

Solange der alte Grießgram noch vor der Türe des Unterbewusstseins steht und deinen positiven Bildern den Weg versperrt, platziert sich da nix – also schalte ihn einfach aus.

Wie das geht, hast du ja schon gelernt. :-)

Das Traurige an der Sache ist, dass dein Unterbewusstsein eher bereit ist, an die Realität eines Krieges oder schrecklichen Katastrophen in deinem Leben zu glauben, als an eine gute Realität.

Natürlich haben wir von Geburt an genug Beweise erhalten, das es schreckliche und schmerzhafte Dinge gibt, aber wir haben ebenso genug Beweise erhalten, dass wir und das Leben super sind und wir nur das Beste verdient haben.

Auch genug Beweise dafür, dass glücklich sein das Einfachste auf der ganzen Welt ist.

Ich wette, man hat es dir gesagt: Du bist ein schöner Mensch.

Du hast tolle Werte.

Eine gute Einstellung.

Es gibt tausend Sachen, die du besonders gut kannst.

Beginne heute, diese Dinge zu glauben und finde viele Situation, von denen du dir einfach vorstellst, das sie wunderbar verlaufen werden – und sie werden wunderbar verlaufen.

Das ist keine Zauberei, sondern einfach ein verdammt guter Trick, um Herrn Grießgram zu überrumpeln und deinem Unterbewusstsein ein Programm aufzuspielen, das du wie in einem Videospiel spielen wirst, als sei es das Normalste von der Welt.

Ein Pink-Thinker kann die Welt nicht besser machen, nur ein bisschen fröhlicher – und die Wirkung einer fröhlichen, positiven Visualisierung wird selbst den stursten Grießgram davon überzeugen, dass es genug Gründe für gute, positive Gedanken gibt!

Denke dran:
Es gibt tausend Sachen, die du besonders gut kannst!

Übung: Visualisieren

So, nun hast du einiges über das Visualisieren erfahren.

Damit du den alten Grießgram nun auch richtig toll überrumpeln kannst und dir dein großes oder auch kleines Ziel in dein Unterbewusstsein pflanzen kannst, empfehle ich dir, das Visualisieren täglich zu üben.

Vielleicht nur fünf bis zehn Minuten und vor allem am Anfang vielleicht eher an den kleinen Dingen des Alltags, wie z. B. ein freier Parkplatz oder eine grüne Ampel oder so was in der Art.

Du kannst natürlich auch – ganz Pink-Thinker like – gleich ein großes Ziel wählen.

Wie du magst.

Wichtig ist, dass du am Anfang den Grießgram ausschaltest.

Du hast ja schon fleißig gelesen, nehme ich an, also wirst du wissen, wie du deinen Grießgram austrickst.

Es wäre nämlich äußerst unproduktiv, wenn der Alte auf einmal in deine tolle Visualisierung platzen würde.

Denn vergiss nicht: Beim Visualisieren wagst du dich in die Höhle des Löwen.

Bewusstsein und Unterbewusstsein sind Grießgrams Heimatgebiet, da hat er automatisch Heimvorteil.

Kein Grund vorher zu resignieren, also, legen wir los.

Entspanne dich, das kann der Grießgram schon mal eh nicht leiden.

Nehme ein Bad oder gehe ein bisschen spazieren.

Übrigens: Ich visualisiere immer beim Laufen oder auf meinem Crosstrainer, da geht die Zeit schneller um – und der Grießgram ist noch damit beschäftigt mir einzureden, dass ich mich auf dem Ding zum Affen mache, und hält die Klappe.

Okay, wenn du weitestgehend entspannt bist, dann lege dein Ziel fest. Also, das, was du dir vorstellen möchtest. Sei es das du zehn Kilo schlanker bist oder das du erfolgreich bei „Wer wird Millionär" mitspielst und mindestens sechzehntausend Euro mitnimmst.

Alles ist möglich.

Natürlich kannst du nicht jemand anderes werden oder auch das du Bundeskanzler/in wirst, ist recht unwahrscheinlich, aber nicht unmöglich, das muss ich als passionierte Pink-Thinkerin ja sagen.

Wie gesagt, am Anfang nehme am besten zuerst kleinere Dinge, die du auch leicht überprüfen kannst, damit du schnell ein Erfolgserlebnis hast.

Ein Erfolgserlebnis hilft dir dann, wenn du etwas größeres Visualisieren möchtest, enorm, weil der Grießgram nämlich immer noch grübelt, warum das damals geklappt hat.

Wenn du nun dein Ziel klar definiert hast, vielleicht hast du es dir ja sogar aufgeschrieben, dann schließe deine Augen und beginne, dir das Erreichen deines Ziels genau vorzustellen.

Mit allen Einzelheiten.

Wenn es sich zum Beispiel um ein Vorstellungsgespräch handelt, dann ist es wichtig, das du auch den Weg zum Erreichen deines Ziels genau vor Augen hast, indem du ihn dir natürlich leicht und problemlos vorstellst.

Wenn du die ganze Situation vor deinem inneren Auge siehst, dann beginne dich dort umzusehen. Mache aus deinem Film einen Farbfilm.

Gebe deinem Gegenüber oder deinem Bikini oder der Ampel, was auch immer du dir vorstellen möchtest, Farben. Gestalte die Situation, vielleicht noch mit kleinen Blümchen. Schmücke alles bis ins Detail, so schön, wie es für dich nur geht.

Nun dürfte deine Imagination schön bunt sein. Dann nimm' Gerüche wahr.

Riecht der Pool, in den du gleitest, nach Chlor? Oder trägt der Bankangestellte das unwiderstehliche Herrenparfum?

Fasse nun etwas an, greife nach etwas.

Wie fühlt sich das Wasser an? Ist es warm?

Wie trägt sich dein neuer Bikini? Ist er bequem?

Schaue und fühle alles genau an.

Wie geht es dir in der Situation?

Ich hoffe gut, denn es ist ja deine Idealvorstellung.

Wie küsst dein heimlicher Schwarm? Hat er Bartstoppeln, die dich eventuell kratzen?

Achte darauf, dass du an den Schluss deiner Visualisierung den positiven Abschluss setzt. Stelle dir vor, wie du lächelnd den Vertrag unterschreibst oder glücklich in den Pool springst. Diese Situation solltest du dir besonders gut einprägen.

Mache diese Visualisierung, sooft du kannst, aber mindestens einmal täglich.

Du wirst sehr erstaunt über dich selbst sein, dass du wie von Zauberhand das Richtige tust, wenn der große Tag gekommen ist.

Sollte es dir schwer fallen, dich über eine längere Zeit auf deine Situation zu konzentrieren, dann beginne mit leichten Konzentrationsübungen, indem du dir Farben im Einzelnen vorstellst oder Gegenstände bis ins Detail visualisierst.

Schon nach kurzer Zeit wirst du ein regelrechter Visualisierungsprofi sein.

Der gesunde Pink-Thinker

Ja, positives Denken und die Gesundheit, das gehört nun unweigerlich zusammen.

Ich habe entschieden dieses Thema auch hier kurz anzuschneiden, denn was nutzt einem Pink-Thinker die beste Krankheit, wenn er nicht das Geschenk oder die Botschaft darin erkennt.

Ja, du hast richtig gelesen. Auch Krankheiten sind nur ein Geschenk.

Sie wollen uns darauf aufmerksam machen, dass unsere Seele etwas vermisst, dass etwas nicht in Ordnung ist in unserem System, wo Körper, Geist und Seele in Eintracht zusammenarbeiten sollten.

Dieses Thema hat bereits ganze Bücher gefüllt, deshalb werde ich es, wie versprochen, nur grob anreißen.

Es kann sein, dass man krank wird, weil man davon ausgeht, krank zu werden.

Gedankenmuster wie z. B.: „Ich bekomme jeden Winter eine Grippe" – führen zu einer Grippe.

Gedankenmuster wie: „Ich bin und bleibe gesund" – führen zur Gesundheit.

Was du denkst, manifestiert sich auch in deinem Körper.

Manchmal denkst du gesund zu sein und bezweifelst das auch gar nicht, erkrankst aber trotzdem. Dann kann es sein, dass du einem tief sitzenden Gedankenmuster folgst, also einem Gedanken, dessen du dir nicht bewusst bist.

Vielleicht möchte deine Seele dir etwas aufzeigen, dir sagen, dass ihr etwas fehlt, das du dich irgendwo blockierst oder auf einem falschen Weg befindest. Dann wird dein Körper nach einiger Zeit, wenn du dein Bauchgefühl missachtet hast, an irgendeiner Stelle schwächeln oder sogar erkranken.

Manchmal kann man anhand bestimmter Erkrankungen die Botschaft der Seele erkennen.

Häufige Halsentzündungen stehen z. B. für unausgesprochene Dinge in deinem Leben. „Lass' es raus" will deine Seele dir dann sagen.

Magenschmerzen entstehen, wenn du vieles einfach herunterschluckst, weil du dich nicht traust etwas zu sagen, oder deine Meinung zu vertreten.

Global gesagt steht eine Krankheit häufig im Zusammenhang mit Ärger und zwar aus mangelnder Eigenliebe resultierend.

Deine Gedanken: „Ich denke schlecht über mich, weil der Herr Grießgram eine schlechte Meinung über mich hat."

Irgendwann kann es sein, dass dich das krank macht.

Pink-Thinker sind einfach gesünder, weil sie sich aufgrund des positiven Denkens ihrer selbst mehr Wert sind.

Pink-Thinker sehen meist auch jünger aus, weil sie nicht so viele Sorgen mit sich herumtragen.

Ich möchte jedoch betonen, dass ich nicht meine, dass jeder, der krank wird, es selber schuld ist, aber ich möchte sagen, dass eine gute Gedankenhygiene zur Gesunderhaltung wesentlich beitragen kann.

Bleib' gesund – und denke auch, dass du gesund bleibst.

Denke dran:
Pink-Thinker sind gesünder!

Erdung

Kennst du den Spruch: „Mit beiden Beinen fest im Leben stehen"?

Den haben nun mal wieder nicht die Pink-Thinker erfunden, aber es stimmt.

Erdung bedeutet: einfach mit beiden Beinen fest im Leben zu stehen. Weder irgendwo in einer Traumwelt rumzuschwirren, noch in eine Depression zu verfallen, sondern einfach geerdet zu sein.

Erdung hat was mit deinem Energiesystem zu tun.

Du hast vielleicht gerade viel Stress oder viel Kummer. Hast zu viel nachgedacht, rumgegrübelt, den Glauben an dich oder deine Welt verloren. Dann verlierst du Energie.

Du kannst es dir vorstellen wie ein Loch in deiner Aura, durch das die ganze Zeit deine Lebenskraft abfließt.

Kein Wunder, dass du ständig irgendwelche Sachen in dich hineinstopfst, oder gar nicht mehr weißt, wo du stehst.

Nun, wo du weißt, dass dir negatives Denken ganz schön den Tag verhageln kann, kannst du dir vielleicht auch denken, wofür du die meiste Lebensenergie verschenkst.

Genau – fürs negative Denken.

Du gibst sie ohne einen Widerstand dem „lieben" Herrn Griesgram zur freien Verwendung. Und dieser Grießgram ist eine Energieschleuder aller erster Güte.

Da du als Mensch ein Geschöpf der Natur bist, bist du mit dem Erdreich verbunden. Das bedeutet, dass du dich wieder mit Mutter Erde verbinden solltest, wenn es dir nicht mehr gut geht.

Das hat auch etwas mit der Emotions- und Kopflastigkeit zu tun. Wenn du nicht geerdet bist, dann bist du nicht in deiner Mitte – und deshalb kannst du deine Energien nicht für das Wichtigste in deinem Leben aufwenden, nämlich dich.

Gutes Essen ist Erdung und Ausgleich sowieso. Du kannst dich auch durch das Putzen erden oder einfach durch eine einfache Übung.

Morgens, wenn du grade aufgestanden bist oder abends, ehe du dein Pink-Thinker Köpfchen auf dein Kissen bettest. Setzte dich auf deine Bettkante und stelle beide Füße fest auf den Boden.

Nun stelle dir vor, wie Wurzeln aus deinen Füßen wachsen und durch den Boden hindurch ins Erdreich wuchern.

Vielleicht müssen deine Wurzeln auch durch die Decke des Nachbarn und durch den Keller, um dann ins Erdreich zu gelangen. Das ist okay.

Irgendwann sind deine Wurzeln in der Erdmitte angekommen. Stelle dir dort einen feuerroten Erdkern vor.

Verharre einige Minuten in dieser Vorstellung, bedanke dich bei Mutter Erde für die gute Verbindung und gehe deiner Wege.

Du wirst erstaunt sein, wie viel dir diese Übung bringen kann.

Du wirst dich nicht mehr so schnell aus dem Konzept bringen lassen durch die Meinung anderer Menschen. Und du hast das Gefühl Bäume ausreißen zu können, weil du alle Lebensenergie zur Verfügung hast, die du benötigst.

Denke dran:
Bleibe mit beiden Beinen fest im Leben stehen!

Glücksmoment-Geschichte
die Vierte

Ein Pink-Thinker im Stau

Stau, wie herrlich.

Nach einem Jahr habe ich endlich ein paar Tage Urlaub, und wir stehen nun schon seit zwei Stunden, mit drei Kindern und einem Hund, im Stau.

Ich mag es ehrlich gesagt lieber, wenn es zügig vorangeht. Die Kinder quengeln und müssen andauernd aufs Klo.

Ich habe mich schon öfter gefragt, ob die Kinderblase eventuell auf langsames dahin ruckeln reagiert und sich dann öfter meldet.

Bei Tempo 220 hat mich noch keiner nach einer Toilette gefragt ... Mag sein, dass das Adrenalin dann das Übrige bei den kleinen Wichtelzwergen erledigt.

Ah, immerhin reagieren die Radiosender und senden Staugrüße. Leider muntert es einen nicht wirklich auf, sondern macht einem klar, dass man auf jeden Fall in einem zehn Kilometer langen Stau landen wird, egal wohin man will.

Ich spiele mit meinen Kindern das alte Spiel, Kennzeichen lesen und daraus Wörter bilden. Das habe ich früher auch immer mit meiner Schwester gespielt, wenn wir unsere Urlaubsfahrten an die Nordsee unternommen haben.

Stundenlang, was dazu führte, dass mein Vater völlig die Nerven verlor. Mein Vater der flippte eigentlich sowieso irgendwann auf der Urlaubsfahrt immer aus, weil er sich über die anderen Autofahrer ärgerte.

Das gehörte irgendwie zu unserem Urlaub dazu, wie die Flucherei beim Kofferpacken und das Genörgel meiner Mutter, wenn wir in der Ferienunterkunft ankamen; denn ich habe nie erlebt, dass irgendwann, irgendeine Unterkunft so war, wie meine Mutter erwartet hatte.

In all den Jahren gab es keine Unterkunft, die ihr Recht gewesen wäre. Aber schön war es trotzdem immer und vor allem lustig. Kein Wunder, das ich ein Pink-Thinker geworden bin, bei den Vorfahren.

Von meiner Mutter habe ich das Talent geerbt (oder abgesehen?), das Auto bis zum letzten freien Winkel zu beladen. Dosensuppen unter dem Beifahrersitz zum Beispiel – oder Toilettenpapierrollen zwischen den Kindersitzen. Tja, wertvoller Raum, und ich glaube der Grund, warum Familien mit Kindern selten etwas passiert. Die Autos haben einfach eine unglaubliche Straßenlage und eine hervorragende Polsterung ...

Die Kinder spielen inzwischen Schnick-Schnack-Schnuck, und ich tippele im Laptop, während mein Freund versucht, uns Sprit sparend durch den Stau zu bugsieren.

Wir freuen uns auf unsere Woche an der Mosel, denn es gab lange keine Freizeit und vor allem lange keine Zeit, die für uns als Familie reichlich zur Verfügung gestanden hätte.

Das möchten wir genießen und das Desaster hier, ist nur der Weg dorthin. Aber wie heißt es so schön? Der Weg ist das Ziel – und der Urlaub beginnt in dem Moment, wo ich die Haustüre zuziehe.

Ab dann ist Urlaub angesagt, und wenn er auf zwei Quadratmetern in einem stickigen Auto stattfindet. Früher fanden wir es doch auch toll uns tagelang von Mücken zerstechen zu lassen und uns die Nieren zu verkühlen in kalten Zelten, aber der süße Typ aus der Zehnten war ja dabei, deshalb war das egal.

So was haben wir doch damals auch Urlaub genannt – warum nicht auch heute Urlaub im Stau genießen?

Den Kindern scheint es zu gefallen, denn wann spielt die Mama denn schon mal zwei Stunden mit ihnen am Stück, ohne dass das Telefon oder die Türe klingelt und sie wegrufen wird.

Ich glaube, irgendwann werden meine Kinder ihren Kindern im Stau von unseren Staus erzählen – und innerlich schmunzeln so wie ich heute.

Oh, es geht weiter und siehe da, es läuft mein Lieblingslied im Radio: „Time of My Life."

Ich verrate dir mal wieder einen Pink-Thinker-Trick:

Ihr könnt jede Sekunde eures Lebens zum größten Moment in eurem Leben machen!

Du musst nur das Glück in jedem Moment finden – und dann auch noch wollen.

Es geht!!!

Sei ein Pink-Thinker ☺

Denke dran:
Du kannst jede Sekunde deines Lebens
zum größten Moment in deinem Leben machen!

Danke

Danken ist wichtig.

Wenn du dich bedankst, dann erkennst du an, vieles erhalten zu haben. Du strahlst also Zufriedenheit ins Leben – und Zufriedenheit wird sich in deinem Leben manifestieren.

Dankbarkeit empfinde ich als eine Art Magie, sie befreit mich.

Versuche doch mal Folgendes, vielleicht nur eine Woche lang oder wenn dir das Danken gefällt, immer weiter.

Nehme dir jeden Morgen, am Besten gleich nach dem Aufstehen, zwanzig Minuten Zeit zum Danken.

Bedanke dich für alles, was dir einfällt.

Vielleicht, auch mal für negative Erfahrungen, durch die du aber auf jeden Fall etwas gelernt hast. Zwanzig Minuten können so verdammt lang sein, dass du nach einigen Minuten nicht mehr wissen wirst, für was du dich noch bedanken sollst.

Denn spätestens nach fünf Minuten hat man das Übliche schlichtweg durch. Gesundheit, gesunde

Kinder, kluge Kinder, gesunde Eltern, alte Eltern, dass der Wagen noch mal über den TÜV gegangen ist etc.

Dann geht's ans Eingemachte.

Da ich mir den Luxus nicht erlauben kann, einfach mal zum Danken zwanzig Minuten länger im Bett zu bleiben (und früher Aufstehen sehe ich beim besten Pink-Thinker-Willen nicht ein ...), renne ich also auch schon mal wild dankend ins Bad – und beim Zähneputzen danke ich fleißig weiter.

Wie gesagt: Das Übliche ist zu diesem Zeitpunkt bereist abgehakt, also danke ich für alles Mögliche.

Das die Zahnpastatube zugedreht war und ich diesmal keine Bröckchen im Mund habe. Das ich nicht auf einer Duschgellache ausgerutscht bin, die mir meine Söhne netterweise hinterlassen haben.

Ja, der Geist ist vielfältig, wenn er muss. Trotzdem verfehlt diese vielleicht verrückt erscheinende Übung niemals ihren Zweck.

Am Ende fühlst du dich leicht wie eine Feder und hast doch tatsächlich das unglaublich tolle Gefühl, das beste Leben auf diesem Planeten zu haben! Ist das nicht total super?

Ach ja: Danken ist auch Erdung. Also, wenn du fleißig „Danke" sagst, dann brauchst du die Übung mit der Erdung nicht zu machen.

Ansonsten müssest du irgendwann hauptberuflicher Pink-Thinker werden.

Danke an jedem Tag für alles, was in deinem Leben ist, auch und vor allem für die negativ erscheinenden Dinge. Denn die sind es, die dich weiter bringen und dich dahin geführt haben, wo du heute stehst.

Vielleicht sind meine folgenden „Danke" für meine lieben ein kleiner Ansporn.

Ich bedanke mich dafür gesund und munter zu sein, einen wachen Geist zu besitzen und die Gabe zu haben, andere Menschen für sich selbst zu begeistern.

Ich danke dafür, eine tolle Familie zu haben, die hinter mir und meinen manchmal verrückten Ideen steht.

Insbesondere meinen Eltern, die mich, manchmal

mit Mühe, aufgezogen und geleitet haben.

Meinen Kindern möchte ich dafür danken, dass sie mich freudig entbehren, damit ich Zeit finde, meine Berufung auszuüben und dafür, dass sie mein Leben mit Freude und tiefer Liebe füllen.

Meinem Freund René möchte ich von Herzen danken, dass er sich um alles gekümmert hat, wenn bei mir die Zeit nicht reichte. Danke für die Unterstützung und die Liebe, die du mir in den letzten Jahren entgegengebracht hast.

Ein besonderer Dank gilt meiner Schwester, die eine Stütze und Hilfe in jeder Lebenslage ist. Katrin ich danke dir für deine Liebe, deine Ehrlichkeit und deine Unterstützung und dafür, dass du dich entschieden hast, mich als Schwester zu haben.

Ich danke von Herzen dafür, tolle Freunde zu haben, die mich bereichern, lieben und manchmal kritisieren.

Ein großes Danke geht an meine liebe Sina, die mich schon sehr lange auf meinem spirituellen Weg begleitet und mein Pink-Thinker Projekt immer tatkräftig unterstützt hat.

Ich danke meiner Seelenschwester Sandra dafür,

dass sie immer an meiner Seite ist und auch meine Schwächen liebt, mich leitet und ermutigt.

Ein besonderer Dank gilt meinem Freund Günter, der mich motiviert hat und mir wie ein starker Fels in der Brandung zur Seite steht. Dein Wissen und deine Ausstrahlung sind einfach großartig.

Last, but not least, bedanke ich mich bei allen, die ich nun nicht besonders bedacht habe und bei allen Menschen, die mich in den letzten Jahren um Rat ersucht haben. Danke für das große Vertrauen.

Und natürlich bei fast dreiunddreißigtausend Besuchern auf der Pink-Thinker Website (www.pink-thinker.de) lieben Dank.

Es gäbe noch Tausende mehr, denen ich danken könnte, aber ich bedanke mich in Gedanken weiter, und ich weiß, dass es da hingelangt, wo es hingehört.

Denke dran:
Dankbarkeit ist eine Art Magie!

Das Ende
der Pink-Thinker?

Hier ist das Ende des Buches – aber noch lange nicht das Ende der Pink-Thinker.

Wir, du und ich, wir fangen gerade erst an diese Welt zu erobern. Es gibt noch viel mehr Menschen, die einen positiven Gedanken brauchen können.

Vielleicht hast du Lust, die Pink-Thinker Website www.Pink-Thinker.de zu besuchen und mitzuhelfen mehr Menschen das Glück mitzuteilen, das man empfindet, wenn man ein Pink-Thinker ist.

Ich wünsche dir immer eine starke Schulter in deinem Leben und in Stunden der Not einen Funken der Erinnerung an dieses Buch.

Du weißt doch: Das Problem hat die Lösung mitgebracht.

Ich wünsche dir einen kräftigen Tritt, um Herrn Grießgram und seinem Schweinehund in den Hintern zu treten.

Tausende von Glücksmomenten sollen deine Tage überfluten und positive Gedanken sollen in der Überzahl sein, immer.

Ich danke dir für deine Aufmerksamkeit.

Vielen Dank.

Für eine Welt voller Pink-Thinker!!
Michaela Roeder

Pink-Thinker Denkanstösse

Nutze die Pink-Thinker Denkanstösse, wenn es dir nicht so gut geht.

Suche dir eine passende Affirmation zu deinem Problem und schreibe sie dir auf, oder spreche sie mehrmals über den Tag verteilt.

Liebe:

„Mein Leben ist voll von Liebe."
„Ich schenke Liebe und erhalte Liebe zurück."
„Liebe wird meinen Weg kreuzen, an jedem Tag."
„Ich liebe mich Selbst."
„Ich bin großherzig."

Gesundheit:

„Ich ernähre mich gesund und führe meinem Körper nur positive Energie zu."
„Ich bin und bleibe ein gesunder Mensch."
„Ich fließe voller Gesundheit im Strom des Lebens."

Finanzielles und Beruf:

„Ich verstehe meine Kollegen und meine Kollegen verstehen mich."
„Ich verrichte meine Arbeit gerne und liebe, was ich tue."
„Mein Beruf erfüllt mich und macht mir Freude."
„Ich erkenne und ergreife die Chancen, die sich mir bieten."
„Ich entfalte meine Kreativität erfolgreich."
„Ich habe Wohlstand und Erfolg verdient."

Allgemeines:

„Mein Leben ist toll, ich habe alles was ich mir immer gewünscht habe."
„Ich bin gut so, wie ich bin."
„Ich habe den Mut und die Kraft alles zu erreichen."
„Es ist in meinem Leben für alles gesorgt, ich lebe aus der Fülle."
„Alles Neue ist in meinem Leben willkommen und bereichert es."
„Ich betrachte mein Leben von der positiven Seite."
„Mein Leben ist ein Abenteuer und ich bin mutig genug alles zu entdecken."

„Ich bin ein Optimist."
„Ich bin dankbar für alles, was ich habe."
„Ich vertraue auf mein Bauchgefühl."
„Ich erkenne die Schönheit meines Seins."
„Ich lasse alle Ängste los."
„Mein Leben ist reich an Freude und Überfluss."
„Ich glaube an meine Träume."
„Ich genieße mein Leben."
„Ich bin ein Pink-Thinker."

Die Autorin

Michaela Roeder, geboren 1974 in Neuss bei Düsseldorf, entdeckte früh ihr schriftstellerisches Talent, so schrieb sie bereits als 11-jährige ein Theaterstück für eine Schulaufführung und Hörspiele.

Nach einer Ausbildung zur Arzthelferin wurde sie recht junge Mutter eines Sohnes. Von 1995 bis 1997 ließ sie sich zur Mentaltrainerin ausbilden und arbeitete erfolgreich für eine Firmengruppe in Frankfurt am Main.

Sie bildete sich in zahlreichen Fachseminaren, in den Bereichen Coaching, Mindcontrol, Lebensberatung, und Astrologie weiter.

Da das Tarotlesen seit Generationen in ihrer Familie liegt, lag es nahe, dies auch in ihre Arbeit mit Ratsuchenden einfließen zu lassen.

Seit 1999 arbeitet sie hauptberuflich als Lebensberaterin und Mentaltrainerin.

Drei Jahre später gründete sie das Pink-Thinker Online-Portal, nachdem sie selbst ein kleines „Wunder" erleben durfte, um den Menschen das positive Denken auf ihre eigene Weise näher zu bringen.

Das Online-Portal fand großen Anklang und als

immer öfter angemerkt wurde, das man die Website auch im Pocket-Format gebrauchen könnte, wurde die Idee zum Pink-Thinker-Buch geboren.
Das Schreiben an diesem Buch half Michaela aus einer privaten Krise heraus. Seitdem ist sie sich sicher: „Was bei mir funktioniert hat, funktioniert bei den Lesern auch."
Als Widder mit Waage AC ist sie ein echter Wirbelwind, der niemals aufgibt und selten schlecht gelaunt ist.

Ihr größtes Hobby sind die Unternehmungen mit ihren Kindern. Außerdem ist sie eine Leseratte und tanzt gerne. Sie liebt das Meer und das Leben mit all seinen Facetten.

Kontakt zu Michaela Roeder:

Homepage der Pink-Thinker:
www.Pink-Thinker.de

Homepage der Autorin:
www.Michaela-Roeder.de

Email:
Roeder.Michaela@web.de

Gudrun Spiegl-Freitag und Erhard F. Freitag
Sag ja zu Deinem Leben
Ein spiritueller Weg zum Erfolg

Dieses völlig überarbeitete Buch ist eins der beliebtesten Bücher von Gudrun Spiegl-Freitag und Erhard F. Freitag. Es lehrt den Leser, in Einklang mit seiner Welt zu leben, wieder hinzuschauen, was das Leben an Schönheit und Lebenswertem bietet. Es zeigt dem Leser auf, wie Traurigkeit in Freude und Krankheit in Gesundheit umgewandelt werden kann.
Es ist gleichzeitig auch ein Arbeitsbuch, das hochwirksame Übungen enthält, die leicht ausführbar und dennoch sehr erfolgreich sind. Wunderschöne Meditationen runden dieses gelungene Werk ab.

176 Seiten, Paperback, ISBN 3-937568-56-5

Thal, Eva-Maria
Das Innere Kind in Dir
Ein Reiseführer zu sich selbst

Jeder Mensch trägt sein inneres Kind in sich. Es ist mit allen seinen Kindheitserlebnissen, seinen Erfahrungen, Nöten und Schmerzen, aber auch seinen bunten Träumen, Sehnsüchten sowie Hoffnungen - und vor allem seiner unverfälschten Liebe - ein wichtiger Teil unseres Selbst. Gerade die Enttäuschungen, Entbehrungen und die mangelnde Zuwendung im Kindesalter sind häufig verdrängt und gut weggepackt, ohne wirklich verarbeitet zu sein. Sie beeinflussen unbewusst in vielschichtiger Art und Weise unser Leben.
Eva-Maria Thal beschreibt detailliert und praxisnah die einzelnen Schritte, die jeder gehen kann, um nicht nur Kontakt mit seinem inneren Kind aufzunehmen, sondern durch die Liebe zu seinem Kind zu einem selbstbewussten und selbstsicheren Leben - und damit auf Dauer zu einem glücklichen Sein - zu gelangen.
Dieser humorvolle, sehr tiefgehende und teils erschütternde Erfahrungsbericht macht Lust, sich auf seinen eigenen Weg zu machen.

236 Seiten, Paperback, ISBN 3-937568-01-8

Kurt Tepperwein
Nutze die Kraft deiner Gedanken

Ich werde Sie mit diesem Buch an Ihre innere Wahrheit erinnern, an Sie selbst, an den, der Sie wirklich sind, an Ihr wahres Sein. Auch wenn sich vieles von dem, was Sie hier lesen werden, fantastisch anhört: Es ist die Wirklichkeit. Machen Sie sich als Grundlage des Denkens bewusst: Wir alle haben schon unzählige Male gelebt. Wir waren Bauern, Soldaten, Hausfrauen, Könige, Bettler. Wir waren Männer, Frauen, wir sind geboren worden, waren erfolgreich oder nicht, wurden krank und alt, sind gestorben ... – nur um zu erkennen, dass wir danach immer noch leben, um zu erkennen: Wir sind Bewusstsein. Es ist ganz wichtig, dass wir uns das bewusst machen, denn das Mentaltraining ist ein geistiges Werkzeug, das absolut zuverlässig funktioniert. Was nicht immer so absolut zuverlässig funktioniert, ist der Mensch. Daher erfahren Sie in diesem grundlegenden Buch wie wir uns als Werkzeuge des Schicksals optimieren, denn die Ergebnisse mit dem Mentaltraining können nur so gut sein, wie der, der es ausführt.

292 Seiten, Paperback, ISBN 3-937568-34-4

Auf unserer Homepage finden Sie weitere Bücher unseres Verlagsprogramms sowie viele Informationen. Sie können auch gern kostenlos unseren Verlagsprospekt bei uns anfordern. Bestellungen für die hier vorgestellten Bücher können direkt über den Verlag vorgenommen werden, aber auch über jede gute Buchhandlung oder via Internet: www.libri.de oder www.bod.de.

Spirit Rainbow Verlag • Gudrun Anders
Ferberberg 11 • 52070 Aachen
Tel 0241 - 70 14 721 • Fax 0241 - 446 566 8
Email: info@spirit-rainbow-verlag.net
www.spirit-rainbow-verlag.net